MICHAEL RONELLENFITSCH

Straße und Energieversorgung im Konflikt

Tübinger Schriften zum Staats- und Verwaltungsrecht

Herausgegeben von

Wolfgang Graf Vitzthum

in Gemeinschaft mit

Martin Heckel, Ferdinand Kirchhof
Hans von Mangoldt, Thomas Oppermann
Günter Püttner, Michael Ronellenfitsch

sämtlich in Tübingen

Band 34

Straße und Energieversorgung im Konflikt

Ein Beitrag zur rechtlichen Problematik der Folgekosten

Von

Prof. Dr. Michael Ronellenfitsch

Duncker & Humblot · Berlin

Die Deutsche Bibliothek – CIP-Einheitsaufnahme

Ronellenfitsch, Michael:
Strasse und Energieversorgung im Konflikt : ein Beitrag zur rechtlichen Problematik der Folgekosten / von Michael Ronellenfitsch. – Berlin : Duncker und Humblot, 1996
(Tübinger Schriften zum Staats- und Verwaltungsrecht ; Bd. 34)
ISBN 3-428-08804-2
NE: GT

Satz: W. März, Tübingen
Druck: Berliner Buchdruckerei Union GmbH, Berlin
Printed in Germany

ISSN 0935-6061
ISBN 3-428-08804-2

Gedruckt auf alterungsbeständigem (säurefreiem) Papier
entsprechend ISO 9706 ♾

Vorwort

Die vorliegende Untersuchung beruht auf einem im Sommer 1995 dem Bundesverkehrsministerium erstatteten Rechtsgutachten, das für die Drucklegung aktualisiert wurde. Die Durchsicht des Manuskripts übernahm mein Vater, Herr Rektor i.R. *Günther Ronellenfitsch*. Mein besonderer Dank gilt Frau *Ingeborg Cremer*, die die mühevolle Durchsicht der Korrekturen auf sich nahm. Schließlich danke ich Herrn Dr. *Wolfgang März* für die redaktionelle Betreuung dieser Schrift.

Tübingen, im März 1996 *Michael Ronellenfitsch*

Inhalt

Abkürzungen

A/KAE	Ausführungsanordnung zur Konzessionsabgabenanordnung
ALR	Allgemeines Landrecht für die Preußischen Staaten (1794)
AVBEltV	Verordnung über Allgemeine Bedingungen für die Elektrizitätsversorgung von Tarifkunden vom 21.6.1979 (BGBl. I S. 684)
AVBFernwärmeV	Verordnung über Allgemeine Bedingungen für die Versorgung mit Fernwärme vom 20.6.1980 (BGBl. I S. 742) i.d.F. der Verordnung vom 19.1.1989 (BGBl. I S. 112)
AVBGasV	Verordnung über Allgemeine Bedingungen für die Gasversorgung von Tarifkunden vom 21.6.1979 (BGBl. I S. 676)
Az.	Aktenzeichen
Bd.	Band
DR	Deutsches Recht
DtZ	Deutsch-Deutsche Rechtszeitschrift
ebd., Ebd.	ebenda
EnVO	Verordnung über die Energiewirtschaft in der Deutschen Demokratischen Republik – Energieverordnung (EnVO) – vom 1. Juni 1988 (GBl. I Nr. 10 S. 89)
et	Energiewirtschaftliche Tagesfragen
Fn.	Fußnote
GBerG	Grundbuchbereinigungsgesetz
GBl.	Gesetzblatt der Deutschen Demokratischen Republik
gwf	Das Gas- und Wasserfach
HStR	Handbuch des Staatsrechts der Bundesrepublik Deutschland, hrsg. von *Josef Isensee/Paul Kirchhof*
JW	Juristische Wochenschrift
KAE	Konzessionsabgabenanordnung
KAG	Kommunalabgabengesetz
KAV	Konzessionsabgabenverordnung
LKV	Landes- und Kommunalverwaltung
N.F.	Neue Folge
PrOVGE	Entscheidungen des (Kgl.) Preußischen Oberverwaltungsgerichts

PrVBl.	Preußisches Verwaltungsblatt
RAnz.	Reichsanzeiger
RdE	Recht der Energiewirtschaft
Rdnr.	Randnummer
RGZ	Entscheidungen des Reichsgerichts in Zivilsachen
RMBliV	Ministerialblatt des Reichs- und Preußischen Ministeriums des Innern
R+S	Raum und Straße
StrVO	Straßenverordnung (der ehemaligen DDR)
VEnergR	Veröffentlichungen des Instituts für Energierecht an der Universität zu Köln
VersorgBdg	Versorgungsbedingungen
VkBl.	Verkehrsblatt
WD	Wirtschaftsdienst
WiVerw.	Wirtschaft und Verwaltung
ZGB	Zivilgesetzbuch der DDR
ZRG	Zeitschrift der Savigny-Stiftung für Rechtsgeschichte
ZVOBl.	Zentralverordnungsblatt

Im übrigen richten sich die verwendeten Abkürzungen nach: *Hildebert Kirchner*, Abkürzungsverzeichnis der Rechtssprache, 4. Aufl. Berlin / New York 1993.

A. Einführung

I. Ausgangssituation

1. Entwicklung der Verkehrsinfrastruktur im Beitrittsgebiet

a) Notwendigkeit von Verkehrsvorhaben

Im Zeitpunkt des Beitritts der Länder Brandenburg, Mecklenburg-Vorpommern, Sachsen, Sachsen-Anhalt, Thüringen und Berlin (Ost) zur Bundesrepublik Deutschland befand sich das Verkehrswesen auf dem Gebiet der früheren DDR, namentlich das *Straßenwesen*, in einem desolaten Zustand[1].

Das Autobahnnetz der DDR war, abgesehen von den Neubaustrecken Berlin – Rostock, Leipzig – Dresden und vom Lückenschluß des Berliner Rings, seit 1945 weitgehend unverändert geblieben. Insgesamt existierten 1.865 km Autobahnstrecke, wobei die durchschnittliche Gesamtfahrbahnbreite 15,6 m betrug. Nur 18% der Gesamtlänge der Richtungsfahrbahnen waren mit Standstreifen versehen. Auf über 70% der Mittelstreifen fehlten Schutzplanken. Lärmschutzeinrichtungen waren nirgendwo vorhanden[2]. Der Erhaltungszustand der Straßen war obendrein äußerst schlecht. 46% der Autobahnflächen verdienten die Zustandsnoten III und IV. Diesen Schadensklassen waren auch 12% der Autobahnbrücken zuzuordnen, von denen 83% aus Zementstraßen mit einer Nutzungsdauer von 40 bis 50 Jahren bestanden[3].

Nach der Wiedervereinigung wurden die bestehenden Fernstraßen und Autobahnen im Beitrittsgebiet in das vorhandene Straßensystem der Bundesrepublik als Bundesstraßen und Bundesautobahnen übernommen[4].

Hierbei stand von vornherein fest, daß sich mit den vorhandenen Straßen in qualitativer und quantitativer Hinsicht der bestehende und erst recht der

---

[1] Vgl. *Ronellenfitsch*, Der Entwurf eines Gesetzes zur Beschleunigung der Planungen für Verkehrswege in den neuen Ländern sowie im Land Berlin, DVBl. 1991, 920 ff. (923 ff.).

[2] Vgl. *Schmuck*, Nachholbedarf für die Verkehrsinfrastruktur auf dem Gebiet der ehemaligen DDR – Verkehrsträger Straße, Straße und Autobahn 1990, 531 ff. (531, 534).

[3] Vgl. *Pfeifer*, Betonstraßen in der DDR, Straße und Autobahn, 1990, 142 ff.; *Roßberg*, Der Zustand des Straßennetzes der ehemaligen DDR und dessen Ursachen, Straße und Autobahn 1991, 264 ff.

[4] Anlage I, Kapitel XI, Sachgebiet F, Abschnitt III Nr. 1 EV.

prognostizierte[5] Straßenverkehr nicht mehr bewältigen ließen. Netzerweiternde Straßenneubauten waren daher unumgänglich[6]. Auch mußte aus verfassungsrechtlichen Gesichtspunkten (Art. 72 Abs. 2 Nr. 3; Art 106 Abs. 3 Satz 5 Nr. 2 GG) auf ein mit den alten Bundesländern vergleichbares Straßennetz hingearbeitet werden.

b) Durchführung von Verkehrsvorhaben

Die Konzeption der Bundesregierung zur Verbesserung der Verkehrsinfrastruktur im Beitrittsgebiet umfaßte als Sofortmaßnahme das Programm „Lückenschlüsse und dringend notwendige Netzverbesserungen“[7], die Beschleunigung der Verkehrswegeplanung durch eine Verbesserung des Planungsrechts[8] und die auf bestimmte Vorhaben bezogene „Verkehrspolitik Deutsche Einheit“[9].

In Umsetzung der erwähnten Konzeption der Bundesregierung wie auch generell zur Verbesserung der Verkehrsinfrastruktur in den neuen Bundesländern begannen umfangreiche *Straßenbaumaßnahmen*, wobei Gemeinde- und Landstraßen, vor allem aber Bundesstraßen und Autobahnen, erweitert (insbesondere verbreitert), verlegt, aber auch neutrassiert und ergänzt wurden[10].

---

[5] Vgl. Senatsverwaltung für Arbeit, Verkehr und Betriebe (Hrsg.), Verkehrsentwicklungsplan für die Region Berlin. 1. Zwischenbericht des Provisorischen Regionalausschusses, Arbeitsgruppe Verkehr vom Oktober 1990.

[6] Vgl. auch *Voigt*, Situation in Straßenverkehr und Straßenforschung in der DDR, Straße und Autobahn 1990, 183 ff.

[7] Vgl. *Huber*, Verkehrswegeplanung im Licht der Deutschen Einheit, Straße und Autobahn 1991, 5 ff. (9 f.); *Lohrberg*, Ausgangssituation für den Straßenbau in Ostdeutschland, Straße und Autobahn 1991, 329 ff.

[8] Gesetz zur Beschleunigung der Planungen für Verkehrswege in den neuen Ländern sowie im Land Berlin (Verkehrswegeplanungsbeschleunigungsgesetz) vom 18.12.1991 (BGBl. I S. 2174).

[9] Vgl. Der Verkehrsminister teilt mit: Bundesverkehrsminister Krause gibt Startschuß für „Verkehrspolitik Deutsche Einheit“, Januar 1991; hierzu auch *Ronellenfitsch*, Beschleunigungsgesetz – Investitionsmaßnahmegesetze – Die Beschleunigung von Verkehrsprojekten, in: Blümel (Hrsg.), Verkehrswegeplanung in Deutschland (Speyerer Forschungsberichte 105), 3. Aufl. 1993, S. 107 ff. (143 ff.).

[10] Quelle: 37 Projekte.

c) Auswirkungen auf Energiefortleitungen

Im Zuge der erwähnten Straßenbaumaßnahmen mußten und müssen bereits bestehende *Energieversorgungsleitungen* – regelmäßig mit erheblichem Kostenaufwand – entfernt und neu verlegt werden. Wer letztlich für diese Kosten aufzukommen hat, war von Anfang an zwischen den Straßenbauverwaltungen und der Versorgungswirtschaft streitig[11].

Um die für die Infrastruktur des Beitrittsgebiets vitalen Voraussetzungen auf dem Verkehrssektor unverzüglich zu schaffen, sollte jedoch mit Planung und Bau der Verkehrsprojekte möglichst rasch begonnen werden. Die Straßenbaumaßnahmen einschließlich der dadurch erforderlichen Veränderungen und Entfernungen der Energieversorgungsleitungen wurden daher *unbeschadet der Kontroverse über die Kostenverteilung* auf der Grundlage der bestehenden rechtlichen Regelungen in Angriff genommen.

2. Rechtsgrundlagen

a) DDR-Recht in der Zeit bis zum 3.10.1990

Die Energiewirtschaft der DDR diente als wichtiger Teilbereich der Planwirtschaft der Deckung des Energiebedarfs der Bevölkerung und der Wirtschaft in den Bereichen Elektroenergie, Gas- und Wärmeenergie sowie im Bereich fester Brennstoffe. Inhaltlich umfaßte sie die Gewinnung, Aufbereitung, Erzeugung, Umwandlung und Speicherung der hierfür erforderlichen Energie. Die Energiewirtschaft war dergestalt organisiert, daß das Ministerium für Kohle und Energie als zentrales Leitungsorgan fungierte, während auf der Vollzugsebene die Energieversorgung von 24 Kombinaten und drei operativen Steuerungsorganen vorgenommen wurde[12]. Dabei waren die Energiekombinate[13] die ausschließlichen Versorger mit leitungsgebundenen Energieträgern.

Dementsprechend beziehen sich die DDR-Vorschriften, welche die Mitbenutzung von Grundstücken, Bauwerken und Straßen für Energiefortleitungsanlagen regelten, auf die Energiekombinate bzw. Energieversorgungsunternehmen.

---

[11] Hierzu unter B.III.3.

[12] Vgl. *Gerberding*, Das Energierecht der DDR, RdE 1990, 70 ff.

[13] Umbenannt in „Energieversorgungsunternehmen" durch § 2 Abs. 4 Nr. 7 der Verordnung über die Änderung oder Aufhebung von Rechtsvorschriften von 28.6.1990 (GBl. I Nr. 38 S. 509).

Alle Vorschriften, die Mitbenutzungsrechte der Energiekombinate an Grundstücken und Bauwerken vorsahen, nannte man *energierechtliche* Vorschriften.

Solche energierechtlichen Vorschriften fanden sich zum einen in der Verordnung über die Energiewirtschaft in der Deutschen Demokratischen Republik – *Energieverordnung* (EnVO) – vom 1. Juni 1988[14] und deren Vorläufern.

Energierechtliche Vorschriften enthielt aber auch die Verordnung über die öffentlichen Straßen – *Straßenverordnung* – vom 22. August 1974[15], da sie in den §§ 13 und 16 Regelungen über die Sondernutzung öffentlicher Straßen durch Versorgungsleitungen traf.

Energierechtliche Vorschriften fanden sich schließlich in der *Folgeinvestitionsverordnung* vom 13. Juli 1978[16].

Die Konkurrenz zwischen diesen Regelungen war und ist umstritten[17].

b) Übergangsregelungen

Der Einigungsvertrag[18] erklärte im Wege von Generalklauseln das Grundgesetz (Art. 3 EV) und das übrige Bundesrecht (Art. 8 EV) im Beitrittsgebiet für verbindlich. DDR-Recht gilt als Bundesrecht nur fort, soweit dies ausdrücklich bestimmt ist (Art. 9, 18, 19 EV).

Ob und in welchem Umfang die genannten energierechtlichen Vorschriften auch nach dem 3. Oktober 1990 noch anwendbar sind, ergibt sich – soweit die Anwendbarkeit der Vorschriften nicht durch Rahmenverträge mittlerweile ausgeschlossen wurde – aus den Anhängen I und II zum Einigungsvertrag[19]. Für die Änderung und Neuanlage von Fernstraßen, bei denen auch die Versorgungsleitungen neu verlegt werden, gilt dagegen seit dem 3. Oktober 1990 ausschließlich das Recht der Bundesrepublik Deutschland[20].

---

[14] GBl. I Nr. 10 S. 89.

[15] GBl. I Nr. 57 S. 515.

[16] GBl. I Nr. 23 S. 257.

[17] Hierzu unter B.V.

[18] Vertrag zwischen der Bundesrepublik Deutschland und der Deutschen Demokratischen Republik über die Herstellung der Einheit Deutschlands vom 31.8.1990 (BGBl. II S. 898).

[19] Einzelheiten unten B.IV.1.

[20] Hierzu unten B.III.2.

II. Streitpunkte

Zwischen dem Bundesverkehrsministerium und der Versorgungswirtschaft bestehen unterschiedliche Rechtsauffassungen darüber, welche Rechtsvorschriften der ehemaligen DDR (Energieverordnung, Straßenverordnung, Folgeinvestitionsverordnung) über die Folgekostenpflicht anzuwenden sind, wenn in den neuen Bundesländern Versorgungsleitungen, die am 3. Oktober 1990 in Bundesfernstraßen, deren Anbaubeschränkungszonen oder in Grundstücken außerhalb dieser Grundstücke verlegt waren, infolge von Straßenbaumaßnahmen geändert oder gesichert werden mußten oder künftig noch geändert oder gesichert werden müssen. Ehe in Teil B zu den vorab bezeichneten Streitfragen Stellung genommen wird, erscheinen einige Vorabklärungen angezeigt.

1. Grundbegriffe

a) Versorgungsleitungen

Versorgungsleitungen sind Leitungen, die der öffentlichen Versorgung mit Wasser, Gas, elektrischer Energie und Fernwärme dienen[21]. Mineralölleitungen und gleichartige Produktenleitungen stehen den öffentlichen Versorgungsleitungen gleich[22]. Zur öffentlichen Versorgung (bzw. Entsorgung) im Sinne des Straßenrechts gehört auch die leitungsgebundene öffentliche Abwasserbeseitigung[23]. Im Vordergrund der Betrachtung stehen die *Energieversorgungsleitungen*[24].

b) Straßenbaumaßnahmen

Unter Straßenbaumaßnahmen werden alle Maßnahmen verstanden, die vom Baulastträger öffentlicher Straßen zur Herstellung und Anlegung bzw. zum Ausbau und zur Verbesserung öffentlicher Straßen betrieben werden, wobei gleichgültig ist, wer konkret Träger der Baulast ist[25].

---

[21] Vgl. den Überblick bei *Evers*, Die „Wegekonzession" für die Verlegung von Versorgungsleitungen, in: *Bartlsperger / Blümel / Schroeter*, Ein Vierteljahrhundert Straßenrechtsgesetzgebung, 1980, S. 181 ff.

[22] Erlaß des Bundesministers für Verkehr vom 8.2.1972 (StB 16-0.8.33.02/03 16004 vms 72).

[23] Beispielsweise gemeindliche Mischwasserkanäle. Zur Terminologie auch *Hoppe*, Eingriffe in Leitungsrechte durch Straßenbaumaßnahmen, 1979, S. 1.

[24] Vgl. auch § 2 EnWG.

[25] *Hoppe*, Leitungsrechte, S. 2.

c) *Straßenbaubedingte Änderungen an Versorgungsleitungen*

Straßenbaubedingt sind Änderungen an Versorgungsleitungen, die mit Straßenbaumaßnahmen zusammenhängen. Der Begriff Straßenbaumaßnahmen ist im Rahmen der folgekostenrechtlichen Fragestellung weit zu fassen. Erfaßt werden insbesondere auch Erweiterungsmaßnahmen. Zu den Straßenbaumaßnahmen zählen ferner alle Maßnahmen, die die Voraussetzungen für die Herstellung öffentlicher Straßen schaffen.

d) *Folgepflicht und Folgekostenpflicht*

Folgepflicht ist die Verpflichtung, Ver- und Entsorgungsanlagen an geänderte oder neu errichtete Straßen anzupassen, wobei die Anlagen notfalls umzulegen oder zu beseitigen sind.

Unter Folgekosten sind dementsprechend die Kosten zu verstehen, die aus der Anpassung der Versorgungsleitung an Änderungen der Straße oder durch deren Neuverlegung entstehen. Die Folgekostenpflicht trifft denjenigen, der die Anpassungskosten zu tragen hat[26].

2. Thematische Begrenzung

Unstreitig und insofern unproblematisch ist die Frage der Rechtsfolgen bei Versorgungsleitungen, die *nach* dem 3. Oktober 1990 erstmalig verlegt wurden.

Unstreitig ist die Rechtslage auch in den Fällen, in denen auf Anregung des Bundesministers für Verkehr in Übereinkunft mit den Verbänden der Versorgungswirtschaft nach dem 3. Oktober Rahmenverträge abgeschlossen worden sind, da durch solche Rahmenverträge auch alle vorherigen Mitbenutzungsregelungen ersetzt werden[27].

Diese Thematik kann gleichwohl in der Folge nicht völlig außer Betracht bleiben, da zum besseren Verständnis der Rechtslage in der früheren DDR das Recht der Bundesrepublik zum Vergleich herangezogen werden muß.

---

[26] Zur steuerrechtlichen Behandlung der Folgekostenerstattungen vgl. BFH, Urteil vom 10.6.1992 – I R 9/91 –, RdE 1994, 76.

[27] Hierzu: Vorläufige Hinweise zur Behandlung der Mitbenutzung von Bundesfernstraßen durch Leitungen in den neuen Bundesländern (Schreiben des Bundesministers für Verkehr vom 8.2.1993 – Az.: StB 17/08. 33. 01/25 B 92 I –), S. 3.

Näher zu erörtern ist indessen lediglich die Folgekostenpflicht bei straßenbaubedingten Änderungen von Versorgungsleitungen, die vor dem 3. Oktober 1990 unter Fernstraßen verlegt worden waren und bei denen sich die Begründung der Mitbenutzungsrechte nach DDR-Recht richtete.

3. Klärungsbedarf

Aus diesen Gründen ist vordringlich zu klären,

- auf welchen *Rechtsgrundlagen* vor dem 3. Oktober 1990 in der DDR die einzelnen Folgekostenregelungen beruhten;
- welche *rechtlichen Voraussetzungen* hiernach Folgekostenansprüche erfüllen mußten;
- welchen *Umfang* die Folgekostenansprüche hatten;
- ob und ggf. mit welchen rechtlichen Auswirkungen es *Konkurrenzen* und Überschneidungen dieser Rechtsgrundlagen gab;
- ob die verschiedenen tatsächlichen Gründe für die Verlegung der Versorgungsleitungen auch *unterschiedliche* Rechtsfolgen nach sich zogen.

B. Rechtliche Würdigung

I. Folgekostenproblematik

1. Überblick

Bei straßenbaubedingten Veränderungen von Versorgungsleitungen stellt sich die Frage, ob die jeweilige Straßenbauverwaltung oder das betroffene Versorgungsunternehmen für die Kosten der Veränderungen aufzukommen hat (Folgekostenproblematik). Die Folgekostenproblematik ist ein Teilaspekt im Spannungsverhältnis zwischen Straßenwesen und Energieversorgung.

2. Straßenwesen

a) Aufgabenstellung

Öffentliche Straßen sind Elemente moderner Staatlichkeit[28]; sie dienen dem Gemeinwohl. Das Wegewesen ist dementsprechend herkömmlich eine *Angelegenheit öffentlicher Verwaltung*[29]. Planung, Bau und Unterhaltung öffentlicher Straßen fallen in den Aufgabenbereich der *Daseinsvorsorge*[30].

Aufgabenträger sind seit der ersten Hälfte des 19. Jahrhunderts Körperschaften der öffentlichen Hand[31].

---

[28] *Herbert Krüger*, Gegen eine Entstaatlichung der öffentlichen Wege, 1954, S. 36; *Baumeister*, Zur Geschichte und Problematik des deutschen Straßen- und Wegerechts, 1958, S. 7.

[29] Vgl. bereits §§ 4, 11 II 15 ALR; *Lassar*, Grundbegriffe des preußischen Wegerechts, 1919, S. 6; *von Reitzenstein*, Das deutsche Wegerecht, 1890, S. 9 ff.; *Schulz*, Zum preußischen Wegerecht, 1893, S. 7 ff. — Bei den öffentlichen Wegen handelte es sich nach preußischem Recht um polizeiliche Anstalten, s. *Germershausen / Seydel*, Wegerecht und Wegeverwaltung in Preußen, 4. Aufl. 1932, S. 3; PrOVG, Urteil vom 1.10.1887 – I. C. 52 / 87 –, PrOVGE 15, 285 (289); vom 18.4.1901 – IV. B. 11 / 01 –, PrOVGE 39, 216 (219); vom 8.6.1916 – IV. C. 83.15 –, PrVBl. 38, 160; vom 19.9.1918 – IV. C. 50.17 –, PrVBl. 49, 1297 (299); vom 21.9.1928 – IV C 20.24 –, PrVBl. 40, 192 III 4.

[30] *Marschall*, Die Benutzung von Bundesfernstraßen zum Zwecke öffentlicher Versorgung, in: VEnergR 12 / 13, S. 1.

[31] Vgl. *Salzwedel*, Wege, Straßen, Wasserwege, in: *Jeserich / Pohl / von Unruh*, Deutsche Verwaltungsgeschichte, Bd. II, S. 199 ff. (216).

b) Grundstücksnutzung

Die mit dem Straßenwesen betrauten staatlichen Institutionen müssen zur Aufgabenerfüllung die *Sachherrschaft über eigene Grundstücke* ausüben[32] und notfalls auf fremde Grundstücke zugreifen können. Als schärfste Waffe steht ihnen traditionell das Enteignungsrecht zu[33].

Die öffentlichen Straßen sind *eigentumsfähig*. Es gilt – vom Sonderfall Hamburgs abgesehen[34] – der Eigentumsbegriff des bürgerlichen Rechts[35]. Die privatrechtlichen Eigentümerbefugnisse werden lediglich verdrängt, soweit die öffentlich-rechtliche Sachherrschaft reicht. Jenseits der Widmung beginnt die Herrschaftsmacht des Privateigentümers[36]. Bereits im Urteil des Preußischen Oberverwaltungsgerichts vom 22. Dezember 1883[37] hieß es hierzu:

> „Allerdings ist, wie in der Praxis der Civilgerichte, so in der des Oberverwaltungsgerichtes anerkannt, daß der Begriff des öffentlichen Weges keineswegs die Möglichkeit ausschließt, daß in Bezug auf denselben private Vermögensrechte bestehen. Dahin gehört namentlich das aus dem Eigenthum oder der sonstigen Verfügungsgewalt des Wegebaupflichtigen oder aus besonderen das öffentliche Wohl berührenden Rechtstiteln, wie z.B. dem sog. Auenrecht originierende Nutzungsrecht am Wegekörper, welches seine Grenze in dem unbedingt überwiegenden durch die Polizeigewalt zu bestimmenden Gebrauche des öffentlichen Weges zu Zwecken des öffentlichen Verkehrs findet.“[38]

---

[32] Hierzu ist nicht notwendig öffentliches Eigentum erforderlich. Obwohl manches für die auf römischrechtlichen Wurzeln beruhende, in Anlehnung an das französische Verwaltungsrecht (domaine public) entwickelte Lehre vom öffentlichen Eigentum sprach (vgl. *Eisele*, Die Rechtsverhältnisse der res publicae in publico usu, 1873; *Otto Mayer*, Der gegenwärtige Stand der Frage des öffentlichen Eigentumes, AöR 21 [1907], 499 ff.; *ders.*, Deutsches Verwaltungsrecht II, 2. Aufl. 1917, S. 71 ff.), vermochte sie sich nicht durchzusetzen; vgl. nur die Kritik bei *Maunz*, Hauptprobleme des öffentlichen Sachenrechts, 1933, S. 132 ff. Zur gemischtrechtlichen Konstruktion der öffentlichen Sachen *Fleiner*, Institutionen dcs Deutschen Verwaltungsrechts, 8. Aufl. 1928, S. 355 ff.; *Bartlsperger*, Das Sachenrechtsverhältnis der öffentlichen Straßen, in: *Bartlsperger / Blümel / Schroeter*, Ein Vierteljahrhundert Straßenrechtsgesetzgebung, 1980, S. 13 ff. (15 f.) sowie weiter im Text.

[33] Vgl. § 19 FStrG.

[34] Hierzu BVerfG, Beschluß vom 10.3.1976 – 1 BvR 355/67 –, BVerfGE 42, 20.

[35] *Papier*, in: *Achterberg / Püttner*, Besonderes Verwaltungsrecht I, 1990, 2/4, Rdnr. 637.

[36] *Forsthoff* (Verwaltungsrecht, S. 379 ff.) betont zu Recht, daß ein Feld für den privaten Rechtsverkehr in Ansehung öffentlicher Sachen verbleibe: Das Eigentum an ihnen könne weiterhin übertragen werden und dingliche Belastungen zugunsten Dritter seien zulässig. Vgl. auch *Stern*, Zur Problematik des energiewirtschaftlichen Konzessionsvertrages, AöR 84 (1959), 138 ff., 273 ff. (163).

[37] – I. A. 37/83 –, PrOVGE 10, 192.

[38] PrOVGE 10, 195. Vgl. auch *Kormann*, System der rechtsgeschäftlichen Staatsakte, 1910, S. 96 ff.

c) *Aufgabenfinanzierung*

Finanziert werden öffentliche Straßen immer noch vorwiegend aus Einnahmen des allgemeinen Haushalts sowie aus zweckgebundenen Einnahmen (Mineralölsteuer; Kraftfahrzeugsteuer, Erschließungskosten)[39].

3. Energieversorgung

a) *Aufgabenstellung*

Die Versorgung mit Wasser, Gas, elektrischer Energie und Fernwärme dient ebenfalls dem Gemeinwohl. Auch hier wird eine Aufgabe der *Daseinsvorsorge* wahrgenommen[40]. *Aufgabenträger* sind freilich regelmäßig *privatrechtlich* organisierte Unternehmungen[41].

Dies hängt auf dem Energiesektor mit den Entstehungsbedingungen der Gas- und Elektrizitätsversorgung zusammen. Als in Deutschland 1826 mit der Straßenbeleuchtung Hannovers und Berlins die *Gasversorgung* einsetzte, waren die wirtschaftlichen Erfolgsaussichten noch ungewiß. Die Städte scheuten zudem die hohen Investitionen[42]. Einfluß auf das Geschäftsgebaren der Unternehmen sicherten sich die Städte durch den Abschluß von noch näher zu

---

[39] Hierzu *Friauf*, Die Straßenbaufinanzierung, in: *Bartlsperger / Blümel / Schroeter*, Ein Vierteljahrhundert Straßenrechtsgesetzgebung, S. 209 ff. Zur Straßenbaufinanzierung bei der Einschaltung Privater in den Verkehrswegebau *Klofat*, Einschaltung Privater beim Verkehrswegebau, in: *Blümel*, Einschaltung Privater beim Verkehrswegebau, 1993, S. 13 f.

[40] Dieser Befund dürfte gemeinhin anerkannt sein; vgl. BVerfG, Beschluß vom 24.5. 1967 – 1 BvL 18 / 65 –, BVerfGE 22, 28 (38); Beschluß vom 16.3.1971 – 1 BvR 52, 665, 667, 754 / 66 –, BVerfGE 30, 292 (311 f.); Urteil vom 10.12.1974 – 2 BvK 1 / 73, 2 BvR 902 / 73, BVerfGE 38, 258 (270); Beschluß vom 7.6.1977 – 1 BvR 108, 424 / 73 und 226 / 74 –, BVerfGE 45, 63 (78 f.); Beschluß vom 20.3.1984 – 1 BvL 28 / 82 –, BVerfGE 66, 248 (258); *Emmerich* Das Wirtschaftsrecht der öffentlichen Unternehmen, 1969, S. 149. Er ist nämlich unabhängig davon, ob man die Daseinsvorsorge als (nur) soziologischen oder als rechtlichen Begriff qualifiziert. Die im energierechtlichen Schrifttum gegen die Begriffsbildung *Forsthoffs* vorgebrachte Kritik spielt im vorliegenden Zusammenhang keine Rolle; vgl. einerseits *Forsthoff*, Die Verwaltung als Leistungsträger, 1938 (Teilabdruck in: Rechtsfragen der leistenden Verwaltung, 1959), andererseits *Börner*, Rechtsfragen zu Artikel 90 EWGV, in: VEnergR 12 / 13, S. 124 ff. (143 ff.); *Büdenbender*, Energierecht, 1982, Rdnr. 969 ff. Zur Kontroverse *Ronellenfitsch*, Wirtschaftliche Betätigung des Staates, in: HStR III, § 84 Rdnr. 48.

[41] Zu den „öffentlichen Anstalten in Privatrechtsform“ *Fleiner*, Institutionen, S. 125 ff., 327 ff.

[42] *Evers*, Das Recht der Energieversorgung, 1974, S. 15; *Studenkowski*, Das Mitbenutzungsverhältnis zwischen Straßen und Leitungen der öffentlichen Energieversorgung, Recht der Elektrizitätswirtschaft 1980, 98 ff. (98). Vgl. auch *Depenbrock*, Die Stellung der Kommunen in der Versorgungswirtschaft, 1961, S. 6 ff.

würdigenden[43] sog. *Konzessionsverträgen*, welche das exklusive Recht zur Verlegung von Rohren im Straßenraum zum Gegenstand hatten. Als die Gasversorgung zu einem gewinnversprechenden Wirtschaftszweig geworden war, übernahmen die Städte diese Aufgabe in eigener Regie bzw. beteiligten sich kapitalmäßig an den privaten Versorgungsunternehmen[44].

Die öffentliche *Stromversorgung* wurde 1885 in Metz und 1886 in Berlin aufgenommen. Die Initiative ging in den größeren Städten von privaten Unternehmen aus. Auch hier scheuten die Gemeinden anfänglich die technischen und wirtschaftlichen Risiken und wollten zusätzlich die Interessen ihrer eigenen Gasanstalten schützen. Daher beschränkten sie sich zunächst auf den Abschluß von Konzessionsverträgen mit den privaten Unternehmen. Ähnlich wie bei der Gasversorgung übernahmen später die Gemeinden die Stromversorgung zunehmend in eigene Regie oder beteiligten sich an privaten Unternehmen.

Die überregionale Gas- und Stromversorgung brachte Konzentrationsprozesse in Gang und führte zur Gründung entsprechender überregionaler Organisationen, was zusätzlich die Entwicklung *gemischt-wirtschaftlicher* Unternehmen begünstigte[45]. Als Folge blieb die privatrechtliche Organisationsform der Versorgungsunternehmen zumeist bestehen.

b) Grundstücksnutzung

Für die Verlegung von Rohrleitungen und Kabeln in der Erde oder die Führung von Freileitungen sind die Versorgungsunternehmen auf die *Benutzung fremder Grundstücke*, insbesondere öffentlicher Wege und sonstiger Verkehrsflächen angewiesen[46]. Zum allgemeinen Fortleitungsproblem gehört damit stets auch das Rechtsproblem, ob und in welcher Form fremde Grundstücke zur Fortleitung benutzt werden können. Daraus ergibt sich die *rechtliche* Fragestellung, ob und unter welchen Voraussetzungen ein Versorgungsunternehmen

> „gegenüber den kraft öffentlich-rechtlicher Sachherrschaft und / oder Privateigentums am Grundstück Berechtigten, sei es eine Körperschaft des öffentlichen Rechts oder ein Rechtssubjekt des Privatrechts, zur Inanspruchnahme des fremden Grundstücks für Leitungen berechtigt ist"[47].

---

[43] Vgl. unten B.II.3.

[44] *Evers*, Energieversorgung, S. 15.; *Emmerich*, Wirtschaftsrecht, S. 28.

[45] *Klein*, Die Teilnahme des Staates am wirtschaftlichen Wettbewerb, 1968, S. 64.

[46] Statt vieler *Stern*, AöR 84 (1959), 142, 143 („existenznotwendige Betriebsvoraussetzung").

[47] *Lukes*, Die Benutzung öffentlicher Wege zur Fortleitung elektrischer Energie, 1973, S. 9.

Da die beanspruchten Grundstücke privatrechtlich und öffentlich-rechtlich fremder Verfügungsmacht unterliegen, bedarf es einer *Rechtsgrundlage für Eingriffe* in diese Zuordnung. Diese Rechtsgrundlage kann sich unmittelbar aus besonderen gesetzlichen Bestimmungen, auf Grund solcher Bestimmungen oder durch rechtsgeschäftliche Vereinbarung ergeben. Ein allgemeines gesetzliches Wegerecht zugunsten der Versorgungsunternehmen ist dem deutschen Energierecht fremd. Dadurch werden *Differenzierungen* erforderlich, die insbesondere darauf abzustellen haben, ob die Verlegung von Versorgungsleitungen über Grundstücke von privaten natürlichen und juristischen Personen erfolgt oder ob Grundstücke der öffentlichen Körperschaften beansprucht werden[48]. Wichtiger noch ist die Unterscheidung, ob widmungsgebundene oder nicht widmungsgebundene Grundstücke beansprucht werden.

Im *Verhältnis der Versorgungsunternehmen zu Eigentümern nicht widmungsgebundener Grundstücke*[49] gilt, daß sich deren Eigentumsrecht an Grundstücken auch auf den Luftraum über dem Grundstück und auf das Erdinnere erstreckt.

Ohne Genehmigung des Eigentümers können Versorgungsunternehmen dessen Grundstück nur unter den Voraussetzungen des *§ 905 Satz 2 BGB* zur Unterbringung von Leitungen verwenden. Diese Bestimmung wurde gerade im Hinblick auf die erforderliche Nutzung des Raumes hoch über und tief unter der Erdoberfläche durch Versorgungsleitungen geschaffen[50]. Die praktische Bedeutung der Vorschrift ist allerdings gering, da sie von der Rechtsprechung von Anfang an äußerst restriktiv ausgelegt wurde. Für das Ausschlußrecht nach § 903 BGB genügt nämlich jedes wirtschaftliche oder sonstige vernünftige Interesse des Eigentümers, das bis zum reinen Affektionsinteresse reicht[51].

Von geringer praktischer Bedeutung sind ferner die Möglichkeiten des *privaten Nachbarrechts*[52].

In der Praxis außerordentlich wichtig sind dagegen die Leitungsverlegungsrechte nach den *Allgemeinen Versorgungsbedingungen* der Versorgungsunternehmen.

Versorgt ein Energieversorgungsunternehmen ein bestimmtes Gebiet, so ist es nach § 6 EnWG verpflichtet, allgemeine Bedingungen und allgemeine Ta-

---

[48] *Büdenbender*, Energierecht, Rdnr. 436.

[49] Gemeint sind Grundstücke, an denen kein Gemeingebrauch besteht. Die Mitbenutzung öffentlicher Straßen und sonstiger Verkehrsflächen wird unter 3.a) behandelt.

[50] Protokolle zum BGB, Bd. III, Abschnitt 191, Nr. II, S. 122.

[51] *Rumpf*, in: *Henke/Müller/Rumpf*, Elektrizitätswirtschaft, S. 103 m.w.N.

[52] § 917 BGB sowie Nachbarrechtsgesetze der Länder; vgl. auch *Lukes*, Fortleitung, S. 31 Fn. 93.

rifpreise öffentlich bekanntzugeben und zu diesen Bedingungen und Tarifpreisen jedermann an sein Versorgungsnetz anzuschließen und zu versorgen. Ursprünglich wurden von jedem Versorgungsunternehmen für die eigenen Abnehmer besondere Versorgungsbedingungen festgelegt. Später sorgten die Wirtschaftsverbände für eine gewisse Vereinheitlichung, indem sie Musterbedingungen erarbeiteten, die viele Unternehmen weitgehend unverändert übernahmen. Sie lagen den „Allgemeinen Bedingungen für die Versorgung mit elektrischer Arbeit aus dem Niederspannungsnetz der Elektrizitätsversorgungsunternehmen" und den „Allgemeinen Bedingungen für die Versorgung mit Gas aus dem Versorgungsnetz der Gasversorgungsunternehmen" zugrunde, welche aufgrund des § 7 EnWG durch Anordnung vom 27. Januar 1942 für verbindlich erklärt wurden[53]. In der Nachkriegszeit galten diese Bedingungen als Rechtsverordnung fort, während die Fernwärme- und Wasserversorgungsbedingungen rein privatrechtlicher Natur waren. In den 70er Jahren zeichnete sich im Zusammenhang mit den Beratungen des AGB-Gesetzes[54] immer mehr die Notwendigkeit ab, auch die Versorgungsbedingungen den gewandelten wirtschaftlichen und technischen Verhältnissen anzupassen. Von der durch § 26 AGB-Gesetz geänderten Ermächtigungsgrundlage des § 7 Abs. 2 EnWG hat der Bundesminister für Wirtschaft 1979 durch Erlaß von vier Verordnungen Gebrauch gemacht.

Gemäß § 8 Abs. 1 Satz 1 AVBEltV[55], § 8 Abs. 1 Satz 1 AVBGasV[56] und § 8 Abs. 1 Satz 1 AVBFernwärmeV[57] haben nämlich die Kunden und Anschlußnehmer, die zugleich Grundstückseigentümer sind, für Zwecke der örtlichen Versorgung das Anbringen und Verlegen von Leitungen zur Zu- und Fortleitung von Elektrizität bzw. Gas und Fernwärme über ihre im gleichen Versorgungsgebiet liegenden Grundstücke unentgeltlich zuzulassen. Duldungspflichtig sind neben den Grundstückseigentümern auch die sonstigen dinglich Berechtigten. Die Duldungspflicht betrifft nur Grundstücke, die an die jeweilige Versorgungsart angeschlossen sind, und besteht nur für Zwecke der *örtlichen* Versorgung. Fernleitungen ohne Verteilungsfunktionen werden nicht erfaßt. Bei der Elektrizitätsversorgung sind Hochspannungsleitungen von der Duldungspflicht pauschal ausgenommen; bei der Gas- und Fernwärmeversorgung besteht dagegen keine Druckstufenbegrenzung.

---

[53] Anordnung über die Verbindlicherklärung der allgemeinen Bedingungen der Energieversorgungsunternehmen, RAnz. 1942, Nr. 39 und Nr. 46.

[54] BT-Drucks. 7/3919, S. 45.

[55] Verordnung über Allgemeine Bedingungen für die Elektrizitätsversorgung von Tarifkunden vom 21.6.1979 (BGBl. I S. 684).

[56] Verordnung über Allgemeine Bedingungen für die Gasversorgung von Tarifkunden vom 21.6.1979 (BGBl. I S. 676).

[57] Verordnung über Allgemeine Bedingungen für die Versorgung mit Fernwärme vom 20.6.1980 (BGBl. I S. 742) i.d.F. der Verordnung vom 19.1.1989 (BGBl. I S. 112).

Die Duldungspflicht erstreckt sich auf die an die Versorgung angeschlossenen Grundstücke, ferner auf nicht angeschlossene Grundstücke, die mit den angeschlossenen Grundstücken in einem wirtschaftlichen Zusammenhang genutzt werden, sowie auf Grundstücke, für die die Versorgung sonst wirtschaftlich vorteilhaft ist[58]. Wenn die Inanspruchnahme des Grundstücks den Duldungspflichtigen mehr als notwendig oder in unzumutbarer Weise belasten würde, entfällt die Duldungspflicht[59] (Übermaßverbot).

Die Duldungspflicht wird gemeinhin als *Inhaltbestimmung des Eigentums* verstanden[60]. Somit liegt trotz Normierung in Allgemeinen Versorgungsbedingungen schwerpunktmäßig ein *gesetzlich* begründetes „Wegerecht" vor[61], das nur besteht, soweit das Normprogramm reicht. Es besteht nicht bei Verkehrswegen und Verkehrsflächen, und auch im Verhältnis zu privaten Grundstückseigentümern und dinglich Berechtigten besteht es nicht ausnahmslos.

Wo sich die Duldungspflicht der privaten Grundstückseigentümer nicht auf die Allgemeinen Versorgungsbedingungen stützen läßt (außerhalb der Tarifversorgungsverhältnisse, überörtliche Versorgung, Unzumutbarkeitsfälle), müssen besondere Mitbenutzungsverträge abgeschlossen werden. In Frage kommen die Vertragstypen der Leihe und Miete. Der Leihvertrag endet bei Übergang des Grundstücks auf einen neuen Grundstückseigentümer, auch im Falle der Miete bleibt das Leitungsrecht nicht bestehen[62]. Die sicherste Rechtsstellung erlangt das Versorgungsunternehmen durch Eintragung einer Grunddienstbarkeit[63] oder einer beschränkt persönlichen Dienstbarkeit[64]. In

---

[58] § 8 Abs. 1 Satz 2 AVBEltV, § 8 Abs. 1 Satz 2 AVBGasV.

[59] § 8 Abs. 1 Satz 3 AVBEltV, § 8 Abs. 1 Satz 2 AVBGasV,

[60] BVerfG, Beschluß vom 31.1.1989 – 1 BvR 1631/88 –, Recht der Elektrizitätswirtschaft 1989, 143; BGH, Urteil vom 4.2.1976 – VIII ZR 167/74 –, BGHZ 66, 62 (65); vom 14.1.1981 – VIII ZR 337/79 –, WM 1981, 250 (251); vom 13.3.1991 – VIII ZR 373/89 –, Recht der Elektrizitätswirtschaft 1991, 133 (134) = WM 1991, 1477; vom 11.3. 1992 – VIII ZR 219/91 –, RdE 1992, 155; OLG Hamburg, Urteil vom 10.7.1991 – 4 U 134/90 –, RdE 1992, 157 (159); *Büdenbender*, Energierecht, Rdnr. 446 m.w.N.; *Kimminich*, Verfassungsrechtliche Probleme der Grundstücksnutzung für Zwecke der öffentlichen Energieversorgung, NJW 1983, 2785 ff.; *ders.*, Eigentum und Energieversorgung, S. 2 ff.; *Reiplinger*, Durchleitungsrecht in Eigentümerwegen für Versorgungsunternehmen, RdE 1993, 222 ff. (222).

[61] *Büdenbender*, Energierecht, Rdnr. 445; *Recknagel*, in: *Hermann/Recknagel/Schmidt-Salzer*, Kommentar zu den Allgemeinen Versorgungsbedingungen, Bd. I, § 8 AVBEltV Rdnr. 14; a.A. *Danner*, in: *Eiser/Riederer/Obernolte*, Energiewirtschaftsrecht, IV § 8 VersorgBdg 1 b dd.

[62] Der sozialpolitische Schutzgedanke des § 571 BGB paßt nicht auf Versorgungsunternehmen; vgl. *Danner* in: *Eiser/Riederer/Obernolte*, Energiewirtschaftsrecht, IV § 8 VersorgBdg 2 e.

[63] § 1018 BGB.

diesen Fällen findet § 95 Abs. 1 Satz 2 BGB[65], ansonsten § 95 Abs. 1 Satz 1 BGB Anwendung.

Kommt eine Einigung mit dem Grundstückseigentümer nicht zustande, so kann dieser die Beseitigung von Leitungen verlangen, die ohne seine Zustimmung bereits errichtet wurden[66]. Wird gleichwohl eine Duldungspflicht bejaht, so läuft dies auf eine Enteignung hinaus[67], die – ebenso wie bei der Errichtung neuer Leitungen – nur zulässig ist, wenn die Zu- und Fortleitungsrechte dem Wohl der Allgemeinheit dienen. Hiervon ist bei der Versorgung der Bevölkerung zunächst einmal generell auszugehen. Versorgungsunternehmen können daher Enteignungen zugunsten der Verlegung ihrer Versorgungsleitungen beantragen[68]. Die Enteignung zugunsten von Energieversorgungsunternehmen ist, unabhängig davon, ob private Haushalte oder die Wirtschaft versorgt werden, mit Art. 14 Abs. 3 GG vereinbar, weil die Energieversorgungsunternehmen auf dem Gebiet der Daseinsvorsorge tätig werden[69]. Die Zulässigkeitsfeststellung von Enteignungen besagt allerdings noch nicht, ob bestimmte Grundstücke für Leitungsrechte in Anspruch genommen werden dürfen. Dies zeigt sich erst im eigentlichen Enteignungsverfahren nach § 11 Abs. 2 EnWG in Verbindung mit den jeweiligen Landesenteignungsgesetzen. Ergebnis des Enteignungsverfahrens kann – muß aber nicht – die Einräumung dinglich gesicherter Grundstücksmitbenutzungsrechte sein.

c) Aufgabenfinanzierung

Finanziert werden die Versorgungsleitungen vorwiegend aus den Einnahmen für die Sachleistung.

---

[64] § 1090 BGB. Hierzu Schl.-Holst. OLG, Urteil vom 4.11.1988 – 11 U 55/88 –, VkBl. 1989, 175.

[65] BGH, Urteil vom 19.9.1979 – V ZR 41/77 –, Recht der Elektrizitätswirtschaft 1980, 83 (84) m. Anm. *Häusler*. Vgl. auch *Edelmann*, Dienstbarkeitserfordernis und Entschädigungsfrage bei Versorgungsleitungen auf fremdem Grundstück, BayVBl. 1978, 298 ff. (298).

[66] BGH, Urteil vom 19.12.1975 – V ZR 38/74 –, BGHZ 66, 37.

[67] BGH, Urteil vom 25.1.1973 – III ZR 61/70 – BGHZ 60, 119 (122) = LM BGB § 1004 Nr. 123 m. Anm. *Kreft*.

[68] § 11 Abs. 1 EnWG.

[69] Unzutreffend daher VG Frankfurt, Beschluß vom 22.9.1982 – IV/3-H 3823/82 –, Recht der Elektrizitätswirtschaft 1983, 32; hierzu *M. Herzog*, Die Vereinbarkeit der Enteignung zugunsten von Energieversorgungsunternehmen nach § 11 Abs. 1 EnWG mit Art. 14 Abs. 3 GG, Recht der Elektrizitätswirtschaft 1983, 22 ff. Das Bundesverfassungsgericht hat den Vorlagebeschluß als „offensichtlich unbegründet" zurückgewiesen, Beschluß vom 20.3.1984 – 1 BvL 28/82 –, BVerfGE 66, 248; vgl auch OLG Zweibrücken, Urteil vom 26.10.1981 – 2 U (Bau) 20/81 –, Recht der Elektrizitätswirtschaft 1983, 23.

4. Wechselbeziehungen zwischen Straßenwesen und Energieversorgung

a) Mitbenutzung von Straßen und Verkehrsflächen

Wie erwähnt, bot es sich für die Versorgungsunternehmen schon zu Beginn ihres Netzauf- und -ausbaus um die Jahrhundertwende an, für die Verlegung der Versorgungsleitungen und zur Einrichtung der sonstigen Verteileranlagen in erster Linie das Straßen- und Wegenetz mitzubenutzen[70]. Hieran hat sich bis in die Gegenwart nichts geändert. Auch an öffentlichen Straßen und Wegen besteht nun Eigentum im Sinne der §§ 903 ff. BGB[71]. Eine Duldungspflicht der Straßeneigentümer nach § 905 Satz 2 BGB scheitert daran, daß der Straßeneigentümer offensichtlich ein – durch die Konzessionsverträge dokumentiertes – wirtschaftliches Interesse an der Nutzung des für Versorgungsleitungen beanspruchten Raums oberhalb und unterhalb der Straßenoberfläche hat[72].

Somit muß die Mitbenutzung öffentlicher Straßen, Wege und Plätze durch Versorgungsleitungen rechtlich wirksam begründet werden.

Für die Begründung solcher Nutzungsrechte kommen verschiedene *Modelle* in Betracht.

Nach einer gelegentlich vertretenen Ansicht soll die Nutzung von öffentlichen Straßen und Wegen durch Energieversorgungsleitungen vom Begriff des *Gemeingebrauchs* erfaßt sein[73]. Nun ist der Gemeingebrauch ein wandelbarer Rechtsbegriff, der der Entwicklung von Verkehr und Technik Rechnung trägt[74]. Seit der Legaldefinition in § 7 II 15 ALR[75] bis zur Hochkonjunktur

---

[70] *Studenkowski*, Recht der Elektrizitätswirtschaft 1980, 98; *Rumpf*, in: *Henke/Müller/Rumpf*, Elektrizitätswirtschaft, S. 102.

[71] Oben mit Fn. 33.

[72] Vgl. *Didden*, Konzessionsabgaben der Energie- und Wasserversorgungsunternehmen, 1952, S. 63 f.; *Stern*, AöR 84 (1959), 297 f.; *Hoppe*, Erdgasversorgung durch gemeindliche Unternehmen, DVBl. 1965, 581 ff.; *Hardinghaus*, Öffentliche Sachherrschaft und öffentliche Sachverwaltung, 1966, S. 38; *Brückner*, Die besondere Straßenbenutzung, Diss. Göttingen 1968, S. 39, 83; großzügiger *Biedenkopf/Kellmann*, Die wege- und kartellrechtliche Problematik der Energieversorgungsleitungen für den Eigenbedarf, 1970, S. 13.

[73] *H. Müller*, Bedarf der gegenwärtige Rechtszustand der Benutzung öffentlicher Straßen durch Energieversorgungs-Leitungen einer Änderung?, DR 1938, 289 f. (290); *Schumacher*, Die Bedeutung der Artikel 85, 86 EWG-Vertrag für die deutsche Energiewirtschaft, in: Ballerstedt u.a., Aktuelle Fragen des Energierechts (VEnergR 7/8), 1963, S. 25 ff. (29 Fn. 8); *Beißwanger*, Öffentliches und privates Recht bei den Sondernutzungen nach dem BayStrWG, Diss. Erlangen-Nürnberg 1970, S. 99 f.; *Lüthke*, Gemeingebrauch und Sondernutzung nach hamburgischem Wegerecht, Diss. Hamburg 1964, S. 154.

[74] So bereits RG vom 16.2.1929, RGZ 123, 181 (183, 185); vom 10.6.1929, RGZ 125, 108 (111); vom 16.5.1931, RGZ 132, 398 (404 ff.). Vgl. auch *Ronellenfitsch*, Verfassungs-

des „kommunikativen Gemeingebrauchs“[76] blieb aber die *Verkehrsfunktion* normative Schranke des Gemeingebrauchs an Straßen[77], mögen diese auch als „Mehrzweckinstitute“[78] verstanden werden. Eine Nutzung der Straße zu Zwecken des Verkehrs ist nur gegeben, wenn mit der Nutzung primär die Fortbewegung von Personen und Sachen bezweckt wird. Der „Leitungsverkehr“ hat mit dieser Form der *Mobilität* nichts zu tun.

Im übrigen läßt sich die Verlegung von Versorgungsleitungen schon deshalb nicht unter den Begriff des Gemeingebrauchs subsumieren, weil sonst jeder ohne besondere Zulassung Eingriffe in den baulichen Bestand von Straßen vornehmen könnte. In der Praxis[79], aber auch im überwiegenden Schrifttum[80], konnte daher die Zuordnung der Leitungsrechte zum Gemeingebrauch

und verwaltungsrechtliche Betrachtungen zur Mobilität mit dem Auto, 1994, S. 51; *Lübben*, Das Recht auf freie Benutzung des Luftraums, 1992, S. 98 ff.

[75] „Der freie Gebrauch der Land- und Heerstraßen ist einem Jeden zum Reisen und Fortbringen seiner Sachen gestattet“. Schon zu dieser Vorschrift führte *Otto Mayer* (Deutsches Verwaltungsrecht Bd. II, 3. Aufl. 1924, S. 79) aus: „Wir würden uns aber schwer beengt fühlen, wenn die ganze Poesie der Landstraße in diesen Rahmen gezwängt werden müßte. Am meisten würde das der Fall sein, wo die Landstraße eine Ortschaft durchzieht. Alle Ortsstraßen sprengen völlig einen solchen Rahmen. Man hat eine erschöpfende Formel zu geben geglaubt, wenn man von der Straße sagte: sie diene dem allgemeinen Verkehr. Das ist gewiß ein Hauptpunkt oder der Hauptpunkt. Aber Gemeingebrauch ist es auch, wenn die gesprächigen Hausfrauen sich begegnen und nun für längere Zeit auf den eigentlichen Verkehr verzichten.“ — Die Wurzel des durch das Wegeregal gewährleisteten Gemeingebrauchs gehen noch viel weiter zurück. So entschied König Heinrich im Jahr 1224 auf Anfrage des Erzbischofs von Salzburg, daß die Benutzung einer öffentlichen königlichen Straße nicht verhindert werden dürfe; vgl. *Zeumer*, Studien zu den Rechtsgesetzen des XIII. Jahrhunderts, ZRG 23 (1902), 61 ff. (103).

[76] *Stock*, Straßenkommunikation als Gemeingebrauch, 1969; VGH BW, Urteil vom 17.8. 1988 – 14 S 689/87 –, NJW 1989, 1299 (1300) mit Besprechung *Würkner*, Straßenkunst als (kommunikativer) Gemeingebrauch, NJW 1989, 1286 f. Zutreffend restriktiver dann aber BVerwG, Urteil vom 9.11.1989 – 7 C 81/88 –, BVerwGE 84, 71 = NJW 1990, 2011 m. Anm. *Würkner* = JZ 1990, 336 m. Anm. *Hufen*; hierzu auch *Steinberg/Hartung*, Straßenkunst als Gemeingebrauch oder als Sondernutzung? – BVerwG, NJW 1990, 2011, JuS 1990, 795 ff.; *Laubinger*, Straßenkunst: Gemeingebrauch oder Sondernutzung, VerwArch. 1990, 583 ff. (617 ff.); *Kersten*, Kunst auf der Straße im Labyrinth von Kunstfreiheit, straßenrechtlichem Gemeingebrauch und Sondernutzung, NVwZ 1991, 139 ff.; *Goerlich*, Kunst, Erlaubnisverfahren und Straßennutzung, Jura 1990, 415 ff.; *J. Meyer*, Politik, Kunst und Kommerz auf deutschen Straßen, DÖV 1991, 542 ff.

[77] Vgl. § 7 Abs. 1 FStrG; *Salzwedel*, Der Gemeingebrauch, in: *Bartlsperger/Blümel/Schroeter*, Ein Vierteljahrhundert Straßenrechtsgesetzgebung, S. 97 ff. (98).

[78] *Köttgen*, Gemeindliche Daseinsvorsorge und gewerbliche Unternehmerinitiativen, 1961, S. 28; *Mußgnug*, Die öffentlichen Straßen als Mehrzweckinstitut, in: *Bartlsperger/Blümel/Schroeter*, Ein Vierteljahrhundert Straßenrechtsgesetzgebung, S. 81 ff.

[79] RG vom 21.9.1898, RGZ 42, 205 (208); vom 7.7.1926, JW 1928, 502; BVerwG IV C 100.65, Recht der Elektrizitätswirtschaft 1968, 51 ff.

[80] H. *Müller*, in: *Henke/Müller/Rumpf*, Elektrizitätswirtschaft, S. 42 ff.; *Friedrichs*, Das Recht der Versorgungsbetriebe, 1935, S. 37 f.; *Hammes*, Der Gemeingebrauch an städti-

nicht Fuß fassen. Die Nutzung öffentlicher Straßen und Wege für Versorgungsleitungen stellt keine Form des Gemeingebrauchs dar.

Die zunehmende Verbreitung der *Telegraphie* und des Fernmeldsprechverkehrs in der Mitte des 19. Jahrhunderts führte zur Schwierigkeit, daß den Telegraphenverwaltungen die erforderlichen Grundstücke für die Aufnahme der Leitungen fehlten. Selbst der Beschluß des Bundesrats des Norddeutschen Bundes vom 25. Juni 1869[81], der die Straßenbauverwaltungen zur unentgeltlichen Überlassung von Straßengelände für Telegraphenlinien anwies, wurde nur halbherzig befolgt. Er bezog sich ohnehin nur auf Staatskunststraßen und galt nicht in den süddeutschen Staaten. Abhilfe brachte das Telegraphenwegegesetz vom 18. Dezember 1899 (RGBl. S. 705), das in den §§ 1 und 12 der Reichspost eine originäre Berechtigung zur unentgeltlichen Benutzung öffentlicher Wege zur Verlegung von Fernmeldeleitungen einräumte[82]. Obwohl das Fernmeldeleitungsrecht Ausfluß der zentralstaatlichen Fernmeldehoheit ist[83], bildete das entsprechende Regelungsmodell mehrfach den Ausgangspunkt für Überlegungen zur Neugestaltung der Straßenbenutzung durch Versorgungsunternehmen[84]. Diese Reformvorstellungen wurden jedoch nicht umgesetzt. De lege lata sind sie nicht verwertbar.

Auf die *rechtsgeschäftliche* Begründung der Nutzungsrechte wird im Rahmen der Würdigung der *Konzessions- und Gestattungsverträge* noch näher eingegangen[85].

Die rechtsgeschäftliche Begründung von Nutzungsrechten setzt eine einvernehmliche Vorgehensweise voraus. Kommt eine Einigung nicht zustande, besteht die Gefahr, daß die Energieversorgungsunternehmen ihren Gemeinwohlauftrag nicht erfüllen können. Für diesen Eventualfall wurde bereits, bezogen auf das Verhältnis zu Eigentümern ausschließlich privat genutzter Grundstücke, auf das *Enteignungsrecht* zugunsten der Energieversorgungs-

---

schen Straßen, DVBl. 1950, 71 ff. (73 ff.); *Ganschezian-Fink*, Straßeneigentum und Gemeingebrauch, NJW 1957, 285 ff. (286); *Kempfer*, in: *Eiser/Riederer/Obernolte*, Energiewirtschaftsrecht, Wege V 4 d; *Maunz*, Die Kostenverteilung zwischen Straßenbaulastträgern und öffentlichen Versorgungsunternehmen, in: *Börner*, Wegerecht und europäisches Wettbewerbsrecht (VEnergR 12/13), 1966, S. 19; *Niederleithinger*, Die Stellung der Versorgungswirtschaft im Gesetz gegen Wettbewerbsbeschränkungen, 1968, S. 60; *Petersen*, Die gemeindlichen Konzessionsabgaben, Diss. Münster 1966, S. 45; *Schack*, Das rechtliche Wesen der Sondernutzung nach altem und neuem Recht, VerwArch. 1963, 63; *Lukes*, Benutzung, S. 27; *Zacher*, Energiewirtschaftliche Konzessionsverträge, 1982, S. 34 ff.

81 RT-Drucks. 10/170, Anl. 2, S. 1253 ff. (1268 f.).

82 Vgl. auch *Ronellenfitsch*, Einführung in das Planungsrecht, 1976, S. 122 ff.

83 *Kempfer*, Das Fernmeldeleitungsrecht an öffentlichen Straßen, in: *Bartlsperger/Blümel/Schroeter*, Ein Vierteljahrhundert Straßenrechtsgesetzgebung, S. 197 ff. (197).

84 Vgl. die Nachweise bei *Zacher*, Energiewirtschaftliche Konzessionsverträge, S. 33 ff.

85 Vgl. unter II.3. und 4.

unternehmen hingewiesen. Die Enteignung zugunsten der Energieversorgungsunternehmen kann auch auf Grundstücke im Eigentum der öffentlichen Hand erstreckt werden. Bei nicht widmungsmäßig gebundenen Grundstücken ist die Lage noch verhältnismäßig unkompliziert[86]. Wenn die Grundstücke jedoch einem öffentlichen Zweck gewidmet sind, kommt es zu einer *Kollision bei der öffentlichen Aufgabenerfüllung*. Eine Enteignung ist hier nur möglich, wenn der Widmungszweck nicht beeinträchtigt wird. Genauer: Wird der Widmungszweck beeinträchtigt, so setzt das Enteignungsrecht zugunsten der Energieversorgungsunternehmen eine Entwidmung oder Teileinziehung voraus[87]. Entwidmung oder Teileinziehung sind dann aber nur zulässig, wenn die Verkehrsinteressen, die für die Anlegung der Straße sprachen oder nunmehr bestehen, nicht entgegenstehen. Im übrigen kann die Enteignung von Straßen und Verkehrsflächen zugunsten von Versorgungsleitungen nur dahin gehen, Zustände herzustellen, die den Anforderungen des § 8 Abs. 10 FStrG entsprechen. Wie sich das Rechtsinstitut der Enteignung als Zwangskauf entwickelte, ist hier das Enteignungsziel der zwangsweise Abschluß eines Konzessions- oder Gestattungsvertrags. Anders ausgedrückt: Enteignungsziel kann nicht die Belastung von Straßengrundstücken mit Dienstbarkeiten sein. Obligatorische Mitbenutzungsverträge zu zumutbaren Bedingungen machen weitergehende Enteignungen unzulässig[88].

b) Straßenbaubedingte Veränderungen von Versorgungsleitungen

Änderungen bestehender Straßen, die von Versorgungsleitungen mitbenutzt werden (Gestattungsstraßen), ändern auch das Mitbenutzungsverhältnis. Solche Änderungen werden bei Begründung der Mitbenutzungsverhältnisse in aller Regel mitbedacht. Sie sind dem Mitbenutzungsverhältnis immanent, da öffentliche Straßen und Wege den jeweiligen Verkehrsbedürfnissen anzupassen sind. Daher muß den Straßenbehörden die Möglichkeit eröffnet sein – etwa bei Verbreiterungen von Straßen – ein Leitungsverlegungsrecht wieder aufzuheben[89]. Die Einzelheiten sind normalerweise in den Konzessions- und Gestattungsverträgen geregelt.

---

[86] Vgl. BVerwG, Urteil vom 4.3.1983 – 4 C 9.80 –, et 1983, 851. Zu weitgehend aber BayVGH, Urteil vom 13.6.1978, Nr. 10 IX 74 –, BayVBl. 1976, 19.

[87] *Evers*, Energieversorgung, S. 68.

[88] BVerwG, Urteil 27.9.1961 – I C 37.60 –, BVerwGE 13, 75; vom 29.3.1968 – 4 C 100.65 –, BVerwGE 29, 248 = DVBl. 1969 = VkBl. 1968, 488; vom 4.3.1983 – 4 C 9.80 –, Recht der Elektrizitätswirtschaft 1984, 7; vgl. auch *Kempfer*, in: *Eiser/Riederer/Obernolte*, V Wege, S. 7 g ff.; *Wichary*, in: *Walprecht/Cosson*, Straßen- und Wegegesetz des Landes Nordrhein-Westfalen, § 23 Rdnr. 209.

[89] BGH, Urteil vom 5.4.1968 – V ZR 99/65 –, MDR 1968, 744 = Recht der Elektrizitätswirtschaft 1969, 49.

Beim Zusammentreffen von Straßen und Versorgungsleitungen ergeben sich entweder Berührungspunkte der Anlagen (Kreuzungen, Längsverlegungen), oder die Anlagen müssen so gestaltet werden, daß Berührungspunkte vermieden werden[90]. Trifft eine neue Straßenbaumaßnahme auf vorhandene Versorgungsleitungen, zu denen bislang keine Berührungspunkte bestanden, so kann die Sicherung oder Verlegung der Versorgungsleitung erforderlich werden. Auch diese sind Folgekosten der Straßenbaumaßnahme. Die Frage, wer diese Folgekosten zu tragen hat, wird unterschiedlich beantwortet.

Da den Straßenbehörden ebenfalls ein Enteignungsrecht zusteht, kann ein Leitungsverlegungsrecht hoheitlich auch auf diese Weise aufgehoben werden. Staatliche Zwangsmaßnahmen zwischen den Trägern der Daseinsvorsorge bilden indessen die Ausnahme.

5. Konsequenzen für die Folgekostenproblematik

Auch unabhängig von den wechselseitigen Enteignungsrechten besteht somit zwischen den beiden Trägern der Daseinsvorsorge notwendig ein *Spannungsverhältnis.* Das Spannungsverhältnis kommt vor allem zum Ausdruck, wenn entweder Leitungen im öffentlichen Straßenraum verlegt wurden, der nunmehr verändert werden soll, oder wenn bei erstmaliger Berührung von neuen Straßen und vorhandenen Leitungen die Versorgungsleitungen verdrängt werden. Die Verlegung der Leitungen ist dann eine *Folgemaßnahme* der Straßenzulassung, d.h. regelmäßig des Planfeststellungsbeschlusses.

In beiden Fällen stellt sich dann die Frage der *Folgepflicht und der Folgekostenpflicht.*

6. Zwischenergebnis

Planung, Bau und Unterhaltung von öffentlichen Straßen und Versorgungseinrichtungen dienen zwar gleichermaßen der Daseinsvorsorge. Gleichwohl besteht notwendig ein Spannungsverhältnis zwischen Straßenbauverwaltungen und Energieversorgungsunternehmen, weil beide für die Erfüllung ihrer – unterschiedlich finanzierten – Aufgaben auf die Nutzung häufig derselben Grundstücke angewiesen sind. In diesem Spannungsverhältnis stellt die Folgekostenproblematik einen wichtigen, aber eben nur einen *Teilaspekt* dar. Die Folgekostenproblematik läßt sich somit nur im *Gesamtzusammenhang* der Nutzung von nichtwidmungsgebundenen Grundstücken und von Verkehrsflächen für Versorgungsleitungen zureichend würdigen.

---

[90] *Schlosser,* Enteignungsrecht und Folgekostenproblematik bei straßenbaubedingter Verlegung von Versorgungsleitungen, BayVBl. 1982, 545 ff. (545).

II. Rechtslage in der Bundesrepublik Deutschland vor der Wiedervereinigung

1. Historische Entwicklung

a) Notwendigkeit einer historischen Betrachtungsweise

Das Deutsche Reich ist 1945 als Staats- und Völkerrechtssubjekt nicht untergegangen[91], büßte aber durch den Zusammenbruch seine staatliche Organisation ein. Die Bundesrepublik Deutschland wurde nach ihrem eigenen Selbstverständnis nicht als neuer westdeutscher Staat gegründet, sondern als Teil Deutschlands neu organisiert[92]. Deshalb besteht eine *Kontinuität der Rechtsinstitutionen*, sofern diese nicht spezifisch nationalsozialistisches Gedankengut zu Ausdruck brachten. Die Kontinuität der Rechtsinstitutionen wird gerade auf den Gebieten des Straßenwesens und der Energiewirtschaft deutlich. Daher ist es von besonderem Interesse, wie die Fragen der Folgepflicht und Folgekostenpflicht in früheren Zeiten angegangen wurden.

b) Entwicklung auf kommunaler Ebene

Die Folgekostenproblematik ergibt sich, wenn öffentlicher Straßenraum für Energieversorgungseinrichtungen mitbenutzt wird. Es liegt daher nahe, die Folgekostenpflicht bereits bei der Begründung der Nutzungsrechte mitzuberücksichtigen. In der Tat ging man zumeist so vor, seit Nutzungsrechte überhaupt eingeräumt wurden. Da sich Nutzungsrechte zunächst auf kommunaler Ebene entwickelten, wurden Regelungen über Folgemaßnahmen und Folgekosten ursprünglich ebenfalls nur für diesen Bereich getroffen. Die kommunalen Straßen können somit jedenfalls für die historische Betrachtung nicht ausgespart bleiben.

Als Ende des 19. Jahrhunderts der Absatzradius der Gas- und Elektrizitätswerke über einzelne Häuserblocks hinausgriff, entschlossen sich immer mehr Kommunen, die Versorgung der Gemeindebewohner mit Gas und Elektrizität privaten Unternehmen anzuvertrauen. Zu diesem Zweck schlossen sie mit den Energieversorgungsunternehmen Verträge ab, in denen diese sich verpflichteten, die in den Gemeinden wohnenden Abnehmer von Gas und

---

[91] BVerfG vom 7.5.1953, BVerfGE 2, 266 (277); vom 26.2.1954, BVerfGE 3, 288 (319 f.); vom 17.8.1956, BVerfGE 5, 85 (126).

[92] BVerfG, Urteil vom 31.7.1973 – 2 BvF 1/73 –, BVerfGE 36, 1 ff. (unter Berufung auf *Carlo Schmid* in der 6. Sitzung des Parlamentarischen Rates, Sten. Ber. S. 70). Zur Vielzahl der Theorien über die Rechtslage Deutschlands vor der Wiedervereinigung vgl. *Bernhardt*, Die deutsche Teilung und der Status Gesamtdeutschlands, in: HStR I, 1987, § 8, Rdnr. 27 ff.

Elektrizität an ein Leitungsnetz anzuschließen und sie zu bestimmten Tarifen zu beliefern. Da die Energieversorgungsunternehmen für die Verlegung von Versorgungsleitungen vor allem der Sachherrschaft der Gemeinden unterfallende öffentliche Wege nutzen mußten, ließen sie sich in diesen Verträgen die erforderlichen Wegenutzungsrechte einräumen. Dabei kam es nicht nur darauf an, die Nutzungsrechte mit Rücksicht auf die hohen Kosten des Leitungsbaus[93] langfristig zu sichern. Damit sich ihre Investitionen rentierten, ließen die Versorgungsunternehmen sich vielmehr von den Gemeinden für eine längere Zeitspanne *ausschließliche Versorgungsrechte* einräumen[94]. Den ersten Vertrag dieser Art schloß die Stadtgemeinde Berlin am 6./19. Februar 1884 mit der Deutschen Edison-Gesellschaft für angewandte Elektrizität ab. Bereits 1911 wurden rund 2/3 aller Elektrizitätswerke von Privatunternehmen betrieben, die sämtlich auf Vereinbarungen mit den Kommunen angewiesen waren. Da die Rechtsbeziehungen auf einvernehmliche Lösungen angelegt waren, kam es selten zu Rechtsstreitigkeiten, die das Interesse der Rechtswissenschaft hätten wecken können. Das änderte sich erst gegen Ende des Ersten Weltkriegs. In Anlehnung an die französische Begriffsbildung (contrat de concession) wurden nunmehr die kostenpflichtigen Benutzungsrechte als *Konzessionen* qualifiziert. Die Bezeichnung „*Konzessionsvertrag*" geht auf Karl Crome zurück[95]. Nicht zuletzt die nicht sonderlich glückliche[96], ohnehin nur deskriptiv und nicht klassifikatorisch gemeinte Bezeichnung[97] trug dazu bei, daß die zahlreichen rechtlichen Kontroversen über Begriff, Inhalt und Zuordnung der Konzessionsverträge bis in die Gegenwart nicht abgeklungen sind.

---

[93] Zu diesem Aspekt *Wieacker*, Die Wegebenutzungs- und Gebietsschutzverträge in der Elektrizitäts- und Gasversorgung, Elektrizitätswirtschaft 1957, 26.

[94] *Wieland*, Konzessionsabgaben, S. 80.

[95] Der Konzessionsvertrag und seine Ausführung im Kriege, AcP 115 (1917), 1 ff. Vgl. auch *Wieland*, S. 81.

[96] Kritisch bereits *Schwinge*, Der Gas- und Elektrizitätsversorgungsvertrag. Zugleich ein Beitrag zur Lehre vom Vertrag zugunsten eines Dritten, Gruchots Beiträge N.F. 70 (1929), 153; vgl. auch *Fischerhof*, DÖV 1957, 308; *Stern*, AöR 84 (1959), 146 f.

[97] Im rechtstechnischen Sinn stellt die Konzession eine Beleihung (Übertragung von Aufgaben und Befugnissen der öffentlichen Verwaltung) dar. Jedenfalls durch die Einräumung von Leitungsrechten werden die Versorgungsunternehmen ersichtlich nicht zu beliehenen Unternehmern. Auch die Freigabe nach § 4 Abs. 1 EnWG stellt im übrigen keinen konzessionsähnlichen Akt dar; vgl. *Ronellenfitsch*, Energieversorgung und Raumordnung, WiVerw. 1985, 168 ff. (185). Selbst *Forsthoff* (Die Daseinsvorsorge und die Kommunen, 1958, S. 25) verstand die Energieversorgungsunternehmen nicht als beliehene Unternehmer.

c) *Entwicklung auf überörtlicher Ebene*

In der weiteren Entwicklung des Ausbaus der Versorgungsnetze und des zunehmenden Netzverbunds mußte die Mitbenutzung von Straßen zwischen den einzelnen Gemeinden, also von Reichs-, Land- bzw. Provinzial- und Kreisstraßen in Angriff genommen werden. Für die Mitbenutzung von Bundes- und Landesstraßen mit Ausnahmen der Ortsdurchfahrten wurden in Anlehnung an die Konzessionsverträge Wegebenutzungsverträge abgeschlossen, die freilich kein Ausschließlichkeitsrecht enthielten[98]. Für diese Wegebenutzungverträge bürgerte sich die Bezeichnung „Gestattungsverträge" ein[99]. Bisweilen wurde die Mitbenutzung der Straßen zusätzlich von einer widerruflichen öffentlich-rechtlichen Erlaubnis abhängig gemacht[100].

2. § 8 Abs. 10 FStrG

Die Normierungen in den Straßengesetzen der Nachkriegszeit, insbesondere die Formulierung in § 8 Abs. 10 FStrG und in den Parallelbestimmungen der Straßengesetze der Länder, sind durch die Ausgestaltung der Rechtsbeziehungen zwischen den Versorgungsunternehmen und den Gemeinden beeinflußt.

§ 8 Abs. 10 FStrG lautet:

> „Die Einräumung von Rechten zur Benutzung des Eigentums der Bundesfernstraßen richtet sich nach bürgerlichem Recht, wenn sie den Gemeingebrauch nicht beeinträchtigen, wobei eine Beeinträchtigung von nur kurzer Dauer für Zwecke der öffentlichen Versorgung außer Betracht bleibt."

a) *Entstehungsgeschichte*

Die Regelung entspringt dem Drängen der Versorgungswirtschaft. Der Regierungsentwurf eines Bundesfernstraßengesetzes vom 10. April 1953 wollte die Rechtsbeziehungen zwischen Straßenbaulastträgern und Versorgungsunternehmen noch ausschließlich öffentlich-rechtlich gestalten[101]. Hiergegen erhoben die Spitzenverbände der Energieversorgungsunternehmen und die

---

[98] Zur Abgrenzung von Wegebenutzungsvertrag und Konzessionsvertrag *Wieacker*, Elektrizitätswirtschaft 1957, 25 ff. (25).

[99] Hierzu unten 4.

[100] Vgl. *Studenkowski*, Recht der Elektrizitätswirtschaft 1980, 99.

[101] Vgl. BT-Drucks. I/4248, S. 20 f.; *Marschall*, Die Benutzung von Bundesfernstraßen für Zwecke der öffentlichen Versorgung, in: *Börner*, Wegerecht und europäisches Wettbewerbsrecht (VEnergR 12/13), 1966, S. 8.

Gebietskörperschaften Bedenken, weil sie befürchteten, ihre Konzessionsverträge würden nicht mehr dem bürgerlichen Recht zugeordnet werden[102]. Der Bundesrat schloß sich diesen Bedenken an. Er schlug vor, § 8 Abs. 10 FStrG zu ändern, um den Anschein zu vermeiden,

„daß behördliche Regelungen Platz greifen können. Für die Einräumung der Rechte sind ausschließlich die Bestimmungen des bürgerlichen Rechts maßgebend."[103]

Die Bundesregierung stimmte dem Änderungsvorschlag des Bundesrats zu[104].

b) Inhalt

§ 8 Abs. 10 FStrG ist in der Vorschrift über Sondernutzungen untergebracht, obwohl sich die Einräumung von Rechten zur Benutzung des Eigentums der Bundesfernstraßen generell nicht auf Sondernutzungen bezieht. Der Verweis auf das bürgerliche Recht greift nämlich nur Platz, wenn die Beanspruchung der Bundesfernstraßen den Gemeingebrauch nicht beeinträchtigt. Eine Sondernutzung besteht aber gerade in der Beeinträchtigung des Gemeingebrauchs. Im Hinblick auf öffentliche Versorgungsleitungen ist § 8 Abs. 10 FStrG jedoch auch gesetzessystematisch korrekt, weil der Sache nach vorgeschrieben wird, daß bestimmte Formen der Sondernutzung nicht als Sondernutzung zu behandeln sind.

Tatbestandsvoraussetzung für die Anwendbarkeit des bürgerlichen Rechts ist, daß das Benutzungsrecht den Gemeingebrauch nicht beeinträchtigt. Ob nun speziell die Straßenbenutzung durch Versorgungsleitungen den Gemeingebrauch beeinträchtigt, läßt sich nicht pauschal beantworten[105]. Jedenfalls die Verlegung von Versorgungsleitungen wird in aller Regel die widmungsgemäße Nutzung von Bundesfernstraßen nachhaltig beeinflussen. Für diesen Fall bestimmt aber § 8 Abs. 10 FStrG, daß im Hinblick auf die Beeinträchtigung des Gemeingebrauchs eine Beeinträchtigung von „nur kurzer Dauer" für Zwecke der öffentlichen Versorgung außer Betracht bleibt. Ratio legis ist es, das Straßenbenutzungsverhältnis nach Möglichkeit umfassend dem bürgerlichen Recht zu überantworten[106]. Den Gegensatz zur Beeinträchtigung von nur kurzer Dauer bildet daher nicht die lange dauernde Beeinträchtigung, sondern das Zeitmaß „andauernd"[107]. Als Sondernutzungen zu behandeln sind somit

---

[102] *Stern*, AöR 84 (1959), 291. Einzelheiten bei *Zacher*, Konzessionsverträge, S. 78 f.

[103] BT-Drucks. I/4248, Ziff. 8c zu § 8, S. 30.

[104] BT-Drucks. I/4248, S. 33 f.

[105] *Kastner*, in: *Marschall/Schroeter/Kastner*, FStrG, § 8 Anm. 12.2.

[106] Für eine großzügige Handhabung der Vorschrift bereits RdErl. Nr. 8/53 des Bundesministers für Verkehr vom 18.8.1953 (StV 2 – Rabs 20395/Vm 53).

[107] *Sieder/Zeitler*, Bayerisches Straßen- und Wegegesetz, 2. Aufl. 1972, S. 527.

nur dauerhafte Sondernutzungen durch Versorgungsleitungen. Über Typ und Einzelheiten des bürgerlichrechtlichen Nutzungsvertrags läßt sich das FStrG nicht aus. Maßgeblich insbesondere auch im Hinblick auf die Folgekostenproblematik sind die Konzessions- und Gestattungsverträge.

3. Konzessionsverträge

a) Begriff

Konzessionsverträge sind Verträge, durch die sich eine Gebietskörperschaft gegenüber einem Energieversorgungsunternehmen verpflichtet, (ausschließlich) diesem die Verlegung und den Betrieb von Leitungen auf und unter öffentlichen Wegen zum Zwecke der unmittelbaren Energieversorgung von Letztverbrauchern zu gestatten[108]. Diese Begriffsbestimmung ist recht vage. Es besteht aber im Zusammenhang mit der Folgekostenproblematik kein Anlaß, den zahlreichen Definitionsversuchen eine weitere Definition hinzuzufügern. Vielmehr kommt es insoweit darauf an, den *typischen Inhalt* von Konzessionsverträgen zu ermitteln.

Von ausschlaggebender Bedeutung war bislang und ist nach wie vor die *Ausschließlichkeitsklausel*, die das Energieversorgungsunternehmen vor Konkurrenz absichern soll.

Die Ausschließlichkeitsklausel macht die Konzessionsverträge i.S.v. § 1 Abs. 1 GWB[109] zu *Kartellverträgen*[110]. Sie sind aber unter den Voraussetzungen des § 103 Abs. 1 Nr 2 GWB vom Kartellverbot befreit. Erforderlich ist ferner, daß der jeweilige Vertrag vollständig bei der Kartellbehörde angemeldet wurde[111] und daß die vereinbarte Laufzeit des Vertrags zwanzig Jahre nicht überschreitet[112]. Andere Abreden werden dadurch aber nicht funktions-

---

[108] Vgl. *Stern*, AöR 84 (1959), 144.

[109] Gesetz gegen Wettbewerbsbeschränkungen i.d.F. der Bek. vom 20.2.1990 (BGBl. I S. 235).

[110] BGH, Beschluß vom 15.4.1986 – KVR 6/85 –, Recht der Elektrizitätswirtschaft 1986, 115; *Riechmann*, Nochmals: Die kartellrechtliche Zuordnung von Konzessionsverträgen, WuW 1985, 945 ff.; *Wolf*, Zur kartellrechtlichen Beurteilung des Konzessionsvertrages, BB 1986, 143 ff. (147 ff.); *Markert*, Konzessionsverträge und Kartellrecht, Recht der Elektrizitätswirtschaft 1989, 94 ff.

[111] § 103 Abs. 3 i.V.m. § 9 Abs. 2 Satz 1 GWB.

[112] § 103a Abs. 1 Satz 1 GWB. Die Befristungsregel wurde durch die IV. Kartellgesetznovelle von 1980 eingeführt, um das System der Gebietsmonopole flexibler zu gestalten; vgl. BT-Drucks. 8/3690, S. 32. Für Altverträge lief die Übergangsregelung des § 103a Abs. 4 GWB am 1.1.1995 ab. Ob positive Wettbewerbseffekte zu verzeichnen sind, läßt sich gegenwärtig noch nicht feststellen, obwohl die am 1.1.1990 in Kraft getretene V. Kartellgesetznovelle durch Einführung der Synchronisierungsregelung in § 103a Abs. 1 Satz 2

los[113]. Der typische Inhalt von Konzessionsverträgen ergibt sich somit durch eine Zusammenstellung der regelmäßig verwendeten Klauseln.

b) Inhalt

Typischerweise enthalten Konzessionsverträge folgende Klauseln[114]:

- (1) Versorgungs- und Betriebsklausel
  Das Energieversorgungsunternehmen verpflichtet sich, im Gemeindegebiet die Versorgung mit Elektrizität und/oder Gas zu übernehmen und zu diesem Zweck Betriebs- und Verteilungsanlagen zu errichten und das Unternehmen dauernd in leistungsfähigem und betriebssicherem Zustand zu erhalten sowie notwendige Erweiterungen vorzunehmen.
- (2) Kontrahierungsklausel
  Das Versorgungsunternehmen verpflichtet sich, innerhalb des Gemeindegebiets alle Einwohner als Letztverbraucher im Rahmen seiner Versorgungsbedingungen zum Anschluß zuzulassen.
- (3) Benutzungsklausel
  Die Gemeinde gestattet dem Versorgungsunternehmen die Benutzung aller öffentlichen Straßen, Wege und Plätze innerhalb des Gemeindegebiets zur Errichtung der für die Versorgung notwendigen Anlagen.
- (4) Ausschließlichkeitsklausel
  Die Gemeinde verpflichtet sich, während der Dauer des Vertrags keinem anderen gleichartigen Unternehmen die Versorgung zu gestatten.
- (5) Abgabeklausel
  Das Versorgungsunternehmen verpflichtet sich, der Gemeinde als Gegenleistung für das Recht auf Wegebenutzung und das ausschließliche Versorgungsrecht eine „Konzessionsabgabe" zu zahlen.
- (6) Aufsichts- und Mitwirkungsklauseln
  Die Gemeinden behalten sich bestimmte Aufsichts-, Mitwirkungs- und Kontrollrechte vor.

GWB das Problem der Fristenüberlappungen behoben hat. Vgl. zum ganzen *Jüngst,* Konzessionsverträge und Kartellrecht, DÖV 1991, 221 ff. Vgl. auch BGH, Urteil vom 7.7.1992 – KZR 2/91 –, BGHZ 119, 101 (Freistellungsende); vom 23.3.1993 – KZR 22/92 –, RdE 1994, 194 (Weiterzahlung im vertragslosen Zustand).

[113] *Hamann,* Die kartellrechtliche Zulässigkeit sog. Endschaftsklauseln unter besonderer Berücksichtigung stromwirtschaftlicher Konzessionsverträge, Diss. Münster 1991, S. 5 f.

[114] *Stern,* AöR 84 (1959), 144 f.; *Niederleithinger,* Versorgungswirtschaft, S. 55 ff.; *Evers,* in: *Bartlsperger/Blümel/Schroeter,* Ein Vierteljahrhundert Straßenrechtsgesetzgebung, S. 185 f.; *Studenkowski,* Recht der Elektrizitätswirtschaft 1980, 98.

– (7) Endschaftsbestimmungen
Die Gemeinde behält sich das Recht vor und verpflichtet sich ggf., bei Ablauf oder Kündigung des Konzessionsvertrags zu bestimmten Bedingungen (Endschaftsbedingungen)[115] die Versorgungsanlagen unentgeltlich oder entgeltlich zu übernehmen.

– (8) Folgelastenvereinbarung
Das Versorgungsunternehmen verpflichtet sich, die Folgekosten zu tragen, falls aus wichtigen Gründen im öffentlichen Interesse Änderungen bestehender Ortsnetzanlagen erforderlich werden sollten.

c) Abgabepflicht

Im Dritten Reich gab es Bestrebungen, die Konzessionsabgaben abzuschaffen. Die Voraussetzungen schuf § 1 Abs. 2 EnWG, der entsprechende Regelungskompetenzen ursprünglich des Reichswirtschaftsministers enthielt. Aus verschiedenen Gründen, nicht zuletzt kriegsbedingt, änderte sich aber schon bald die Organisationsstruktur der Energieaufsicht[116]. So war es dann der Reichskommissar für Preisbildung, der auf Grund von § 2 des Gesetzes zur Durchführung des Vierjahresplans – Bestellung eines Reichskommissars für die Preisbildung – vom 29. Oktober 1936[117] mit Zustimmung des Beauftragten für den Vierjahresplan im Jahr 1941 die *Konzessionsabgabenanordnung* (KAE)[118] sowie die Ausführungsanordnung zur Konzessionsabgabenanordnung (A / KAE)[119] und die Durchführungsbestimmungen zur Konzessionsabgabenanordnung und der Durchführungsanordnung (D / KAE)[120] erließ.

---

[115] Auf die kartellrechtliche Problematik solcher Bedingungen, durch welche die Befristungsregelung des § 103a Abs. 1 Satz 1 GWB unterlaufen werden könnte, sei nur hingewiesen. Aufgabe der kartellrechtlichen Mißbrauchsaufsicht ist es, darüber zu wachen, daß durch die Endschaftsbestimmungen keine prohibitiven faktischen Bindungen geschaffen werden; zu diesem Aspekt *Immenga*, Aktuelle Fragen zum Kartellrecht der Energiewirtschaft: Konzessionsverträge; Vertragsklauseln im Lichte der Befristungsregelung, in: Energiewirtschaftsgesetz im Wandel von fünf Jahrzehnten, 1988, S. 33 ff. (57 f.); *Markert*, Recht der Elektrizitätswirtschaft 1989, 94 ff. (98); *Jüngst*, DÖV 1991, 226 ff.; *Hamann*, Endschaftsklauseln, pass.

[116] So wurde durch Führererlaß vom 29.7.1941 (RGBl. I S. 467) die Energieaufsicht nach § 1 Abs. 2 EnWG dem Generalinspektor für Wasser und Energie übertragen..

[117] RGBl. I S. 927.

[118] Vom 4.3.1941, RAnz. Nr. 57 vom 8.3.1941.

[119] Vom 27.2.1943, RAnz. Nr. 75 vom 21.3.1943.

[120] Vom 27.2.1943, Mitteilungen des Reichskommissars für die Preisbildung 1943, S. 228.

Die Konzessionsabgabenanordnung bezweckte, die Versorgungsunternehmen von betiebsfremden Ausgaben zu entlasten. Die Konzessionsabgaben sollten daher herabgesetzt und in angemessener Frist ganz beseitigt werden. Zu einer Beseitigung ist es aber nie gekommen. Dagegen durften Konzessionsabgaben nicht mehr neu eigeführt oder erhöht werden[121]. Sie mußten einheitlich nach Prozentsätzen der – durch Höchstsätze zu begrenzenden[122] – Roheinnahmen aus Versorgungsleistungen an die Letztverbraucher bemessen werden[123]. Eine weitere Grenze bestand darin, daß den Versorgungsunternehmen ein angemessener Gewinn verbleiben mußte[124].

Die Konzessionsabgabenanordnung und die Ausführungs- und Durchführungsbestimmungen galten in der Bundesrepublik gemäß Art. 125 GG als Bundesrecht fort[125]. Die verschiedenen Ansätze zur Reform des Konzessionsabgabenrechts[126] seit 1952 blieben ausnahmslos stecken[127], obwohl die Ungleichbehandlung der Gemeinden immer deutlicher wurde[128]. Literaturäußerungen, wonach das Verbot der Neueinführung von Konzessionsabgaben verfassungswidrig sein sollte[129], veranlaßte das VG Frankfurt am Main, mit Urteil vom 29. September 1988[130], die KAE zu verwerfen. Der Hessische VGH ging demgegenüber im Urteil vom 7. November 1988[131] von der Verfassungsmäßigkeit der KAE aus. Die Revision gegen diese Entscheidung hatte jedoch Erfolg. Mit *Urteil vom 20. November 1990*[132] entschied das *Bundes-*

---

[121] § 1 KAG; §§ 1 f. A/KAE; Nr. 27 ff. D/KAE.

[122] § 2 KAE; §§ 3 ff. A/KAE; Nr. 7 ff. D/KAE.

[123] § 4 KAE; Nr. 27 ff. D/KAE.

[124] § 5 KAE; § 7 A/KAE; Nr. 34 ff. D/KAE.

[125] Vgl. BGH, Urteil vom 22.10.1954 – I ZR 226/53 –, BGHZ 15, 113; BVerwG, Urteil vom 12.10.1965 – VII C 115.63 –, BVerwGE 22, 203 = DÖV 1966, 499; BFHE 64, 452.

[126] Vgl. *Immesberger*, Das Recht der Konzessionsabgaben, 1992, S. 9 ff.; *Münch*, Konzessionsverträge und Konzessionsabgaben, 1992, S. 80 ff.

[127] Vgl. auch Stellungnahme der Bundesregierung vom 30.6.1977, BT-Drucks. 8/702, S. 8.

[128] Vgl. *Amtmann*, Interkommunale Differenzierung des Konzessionsabgabenaufkommens, 1990.

[129] *Kühne*, Die Verfassungswidrigkeit des Verbots der Neueinführung von Konzessionsabgaben, BB 1987, 2032 ff.; *ders.*, Ungleichbehandlung bei Konzessionsabgaben, in: *Harms* (Hrsg.), Atomstrom aus Frankreich?, 1987, 131 ff.

[130] – I/2 E 1588/85 –, et 1989, 460.

[131] – 8 OE 112/83 –, Recht der Elektrizitätswirtschaft 1989, 103. Offen gelassen wurde die Frage im Urteil des LG Kassel vom 29.6.1990 – 6 O 92/87 –, Recht der Elektrizitätswirtschaft 1991, 136 (138).

[132] – 1 C 30.39 –, BVerwGE 87, 133 = DÖV 1991, 289 = DVBl. 1991, 385 = NVwZ 1991, 1192 = RdE 1991, 32; hierzu *Borchert*, Zum Ende des Verbots der Neueinführung von Konzessionsabgaben, Die Gemeinde 1991, 88 ff.; *Tettinger*, Grundlinien des Konzessionsvertragsrechts, DVBl. 1991, 786 ff. Zu Folgerungen aus dieser Entscheidung OLG München, Urteil vom 24.2.1993 – 15 U 6109 /92 –, RdE 1993, 235.

verwaltungsgericht, daß das Verbot der Neueinführung von Konzessionsabgaben sich heute sachlich nicht mehr rechtfertigen lasse, gegen das Willkürverbot verstoße und damit nicht mehr gültig sei.

Im Prozeß hatte zwar der Oberbundesanwalt für die Bundesregierung darauf hingewiesen, daß eine Aufhebung des Neueinführungsverbots den Gestaltungsspielraum des Gesetz- und Verordnungsgebers – auch im Blick auf die neuen Bundesländer – gefährden könne[133]. Dem Einwand trug das Gericht mit der Feststellung Rechnung, daß mit einer vollständigen Abschaffung der Konzessionsabgaben ohnehin nicht zu rechnen sei:

> „Aber selbst wenn es anders sein sollte, wäre der Gesetz- oder Verordnungsgeber durch dieses Urteil nicht gehindert, entsprechende Pläne zu verwirklichen; erst recht ist er nicht gehindert, die Konzessionsabgaben allgemein – z.B. im Sinne der Lösungsalternativen, die die Wirtschaftsministerkonferenz im März 1989 dem Bundesminister der Wirtschaft unterbreitet hat – umzugestalten oder einzuschränken. Demgegenüber könnten sich die betroffenen Gemeinden, die unter Berufung auf die Nichtigkeit des Neueinführungsverbots nunmehr Konzessionsabgaben vereinbaren, nicht etwa auf das rechtsstaatliche Gebot des Vertrauensschutzes stützen. Fällt wie hier eine Rechtsnorm wegen Verfassungswidrigkeit weg, so dürfen die Betroffenen nämlich nicht ohne weiteres davon ausgehen, daß es damit sein Bewenden hat; sie müssen sich vielmehr darauf einrichten, daß der Gesetz- oder Verordnungsgeber in angemessener Frist auf die für ihn neue Rechtslage reagieren wird."[134]

Genau dies ist geschehen, zumal vor dem Hintergrund des Ablaufs zahlreicher Konzessionsverträge Ende 1994 aufgrund der Befristungsregelung des § 103a Abs. 4 GWB[135] nunmehr zwingender Handlungsbedarf bestand.

Am 18./19. Dezember 1990 bat die Wirtschaftsministerkonferenz der Länder den Bundesminister für Wirtschaft, „schnellstmöglich seine Vorstellungen darzulegen, wie das Konzessionsabgabenrecht künftig auszugestalten ist"[136]. Die Darlegung der Reformvorstellungen des Bundeswirtschaftsministeriums erfolgte nach erneuten Gesprächen mit kommunalen Spitzenverbänden, der Strom-, Gas- und Wasserwirtschaft sowie den Energieabnehmern und auf der Grundlage der Erörterung mit den beteiligten Ressorts zur Wirtschaftministerkonferenz der Länder am 20./21. März 1991. Die Wirtschaftsministerkonferenz beschloß, den Bericht des Bundeswirtschaftsministers zustimmend zur Kenntnis zu nehmen, legte in diesem Beschluß die Entwicklung des Aufkommens aus Konzessionsabgaben seit 1984 dar und

---

[133] Vgl. *Cronenberg*, Reform der Konzessionsabgaben, et 1991, 450 ff. (451).

[134] BVerwGE 87, 140 f.

[135] Vgl. oben mit Fn. 107.

[136] *Feuerborn / Riechmann*, Konzessionsabgabenverordnung. Kommentar, 1994, Anhang 14 (S. 226).

erkannte an, daß die Konzessionsabgaben für die Kommunen eine erhebliche Einnahmequelle darstellen. Dieser Tatsache sei bei der Reform Rechnung zu tragen. Die Wirtschaftsministerkonferenz hielt es jedoch „im Interesse der Verbraucher und aus gesamtwirtschaftlichen Gründen für unverzichtbar, das Volumen dieser in der Europäischen Gemeinschaft einmaligen Abgabe zu begrenzen und möglichst zurückzuführen."[137] Es folgte eine Reihe von „Eckpunkten", die das Bundeswirtschaftsministerium seinem ersten Referentenentwurf vom 17. Mai 1991 zugrundelegte, obwohl bereits diese Eckpunkte nicht einstimmig verabschiedet worden waren. In der Folgezeit verstärkten sich die Bemühungen der Innenminister[138] und Finanzminister sowie der Kommunen und ihrer Spitzenverbände[139], das Aufkommen aus den Konzessionsabgaben abzusichern. Dadurch wurde zwar das Anliegen, die Konzessionsabgaben schrittweise abzubauen, noch mehr verwässert. Immerhin gelang aber die Abkoppelung der Konzessionsabgaben für die Strom- und Gasversorgung von der Energiepreisentwicklung[140]. Für die Wasserversorgung blieb der alte Rechtszustand beibehalten. Am 8. November 1991 wurde der Entwurf der Verordnung über Konzessionsabgaben für Strom und Gas *(Konzessionsabgabenverordnung* – KAV –)[141] dem Bundesrat zugeleitet. Der Bundesrat stimmte der Verordnung am 19. Dezember 1991 mit geringfügigen Änderungen zu. Mit der Veröffentlichung im Bundesgesetzblatt am 14. Januar 1992[142] trat die Konzessionsabgabenverordnung zum 1. Januar 1992 in Kraft[143].

Die Konzessionsabgabenverordnung läßt die Abgabenpflicht bestehen (§ 1 Abs. 1 KAV), regelt Bemessung und zulässige Höhe der Konzessionsabgaben

---

[137] *Feuerborn/Riechmann*, a.a.O., Anhang 15 (S. 227 f.).

[138] Beschluß der Ständigen Konferenz der Innenminister und -senatoren vom 3.5.1991, abgedruckt bei: *Feuerborn/Riechmann*, a.a.O., Anhang 16 (S. 229).

[139] Vgl. *Kastrop*, Die Konzessionsabgaben der Gemeinden als Lenkungs- und Finanzierungsinstrument, 1991; *Mohl*, Die zukünftige Gestaltung des Konzessionsabgabenrechts, Zeitschrift für Kommunalfinanzen 1992, 82 ff.; *Riechmann*, Das Konzessionsabgabenwesen unter Reformdruck, Gemeindehaushalt 1991, 80 ff.

[140] Positiv zur Reform etwa *Braun*, Reform des Konzessionsabgabenwesens, et 1991, 456 ff.; *Tettinger*, DVBl. 1991, 791.

[141] BR-Drucks. 681/01.

[142] BGBl. I S. 12.

[143] Hierzu *Cronauge*, Das neue Konzessionsabgabenrecht, 1992; *Cronenberg*, Anwendungs- und Auslegungsfragen der neuen Konzessionsabgabenverordnung, et 1992, 175 ff.; *Immesberger*, Das Recht der Konzessionsabgaben, WK-Reihe Nr. 97, Juli 1992; *Kühne/Beddies*, Die Neuordnung des Konzessionsabgabenrechts, Recht der Elektrizitätswirtschaft 1992, 132 ff.; *Lenz*, Die gesetzliche Regelung der Konzessionsabgaben, Wirtschaftsprüfung 1992, 252 ff.; *Püttner*, Die Neuordnung der Konzessionsabgaben, NVwZ 1992, 350 ff.; *Schmid*, Neuregelung der Konzessionsabgabe, BWVBl. 1992, 97 ff.; *V. Stern*, Die Reform der Konzessionsabgabe, WD 1992, 42 ff.

(§ 2 KAV) sowie – als Novum – deren Ausweisung in allgemeinen Tarifen (§ 4 KAV). Ferner enthält sie Verfahrens- und organisatorische Regelungen. Für den vorliegenden Zusammenhang bedeutsam ist § 3 KAV, der den „grauen Markt" der Sonder- und Nebenleistungen in geordnete Bahnen lenken soll. Neben oder anstelle von Konzessionsabgaben darf nach § 3 Abs. 1 Nr. 2 KAV die „Vergütung notwendiger Kosten, die bei Bau- und Unterhaltungsmaßnahmen an öffentlichen Verkehrswegen der Gemeinden durch Versorgungsleitungen entstehen, die in oder über diesen Verkehrswegen verlegt sind", vereinbart werden. Geregelt ist somit nur ein Teilaspekt der allgemeinen Folgekostenproblematik. Welche Konsequenzen die Teilregelung insgesamt hat, bedarf noch der Würdigung[144].

d) Rechtsnatur

Nach herkömmlicher überwiegender Ansicht werden die Konzessionsverträge als Verträge sui generis[145] dem *Privatrecht* zugeordnet[146]. Die Zuordnung erfolgt aber regelmäßig im Hinblick auf den *Rechtsweg*. Dies schließt nicht aus, daß man den Gesamtbestand des Konzessionsverhältnisses aufgliedert und so hinsichtlich der einzelnen Klauseln zu einer differenzierten Beurteilung gelangt[147]. Letztlich gingen die Vertreter einer öffentlich-rechtlichen Sichtweise[148] nie anders vor. Sie betonten lediglich die öffentlich-rechtlichen Elemente der Konzessionsverträge stärker. Selbst Richard Thoma, der eine Gasröhrenkonzession in Anlehnung an die Straßenbahnkonzession entwickelte und seither als Hauptrepräsentant der öffentlich-rechtlichen Zuordnung der – von ihm wörtlich-begrifflich gemeinten[149] – Konzessionsver-

---

[144] Hierzu unten VI.2.

[145] Grundlegend *Rumpf*, in: *Henke / Müller / Rumpf*, Elektrizitätswirtschaft, S. 121 f.; *Wieacker*, Elektrizitätswirtschaft 1957, 26; *Fischerhof*, Öffentliche Versorgung mit Wasser, Gas, Elektrizität und öffentliche Verwaltung, DÖV 1957, 309.

[146] RG, Urteil vom 8.6.1915, Monatsschrift für Handelsrecht 1916, 7; vom 9.11.1917, RGZ 91, 170; BGHZ 15, 113 (115 f.); *Rumpf*, in *Henke / Müller / Rumpf*, Elektrizitätswirtschaft, S. 119 ff; *Lukes*, Die Benutzung öffentlicher Wege zur Fortleitung elektrischer Energie, 1973; *Evers*, in: *Bartlsperger / Blümel / Schroeter*, Ein Vierteljahrhundert Straßenrechtsgesetzgebung, S. 190; *Büdenbender*, Energierecht, Rdnr. 497; *Braun*, Gemeindliche Gebietsänderung und Rechtsnachfolge in Konzessionsverträge, et 1982, 343 ff. (347); *Kimminich*, Verfassungsrechtliche Probleme einer Neuregelung der vertraglichen Grundlagen für die öffentliche Energieversorgung, 1974, S. 32; *Ludwig / Cordt / Stech / Odenthal* I, S. 14 d; *Tettinger*, DVBl. 1991, 786 ff. (787).

[147] So bereits *Schwinge*, Gruchots Beiträge N.F. 70 (1929), S. 155 ff.; ferner *Huber*, Wirtschaftsverwaltungsrecht, 2. Aufl. 1953 / 54, S. 571 ff.; *Stern*, AöR 84 (1959), 274 ff.; *Zacher*, Energiewirtschaftliche Konzessionsverträge, S. 192 ff.

[148] Vgl. v.a. *Huber*, Wirtschaftsverwaltungsrecht Bd. I, S. 572; *Schack*, VerwArch. 1963, 43 ff. (60 ff.).

[149] Die Gasröhrenkonzession und die Rechtslage des Röhrennetzes nach Ablauf der Kon-

träge gilt, räumte ein, daß die Ausschließlichkeitsklausel als privatrechtliche Zusage zu verstehen sei[150].

Konzessionsverträge sind hiernach *gemischte Verträge*, deren einzelne Vertragsklauseln als selbständige Bestandteile eines Gesamtkomplexes zu würdigen sind[151]. Fraglich kann vorliegend allein die Zuordnung der Folgekosten sein. Nach einhelliger Meinung sind die vertraglich vereinbarten Folgekostenpflichten der Energieversorgungsunternehmen privatrechtlicher Natur. Einschlägige Äußerungen beziehen sich freilich zumeist nicht auf die Folgekostenklauseln[152] von Konzessionsverträgen, sondern auf Vereinbarungen nach § 8 Abs. 10 FStrG[153].

4. Gestattungsverträge

a) Begriff

Gestattungsverträge sind Verträge, durch die sich ein Straßenbaulastträger gegenüber einem Energieversorgungsunternehmen verpflichtet, diesem die Benutzung des Straßengrundstücks oder -körpers einzuräumen, und hierfür die Bedingungen festlegt.

b) Interessenlage

Im Gegensatz zu den Konzessionsverträgen ist bei den Gestattungsverträgen von einer *konträren Interessenlage* auszugehen. Die Aufgabenstellung der Straßenverwaltung, der allenfalls am Rande an der Durchführung der Energieversorgung gelegen ist, ist hier von derjenigen der Energieversorgungsunternehmen klar unterschieden. Diese unterschiedliche Interessenlage muß bei der Ausgestaltung und Auslegung der beiden Vertragstypen berücksichtigt werden.

---

zessionsdauer, AöR 38 (1918), 307 ff. (337): „Infolgedessen ist der ‚Vertrag' von 1905 mindestens insoweit (!), als er die Einräumung der Befugnis enthält, die öffentlichen Straßen und Plätze zur Einbettung der Gasröhren und ihres Zubehörs zu benutzen, nicht als privatrechtlicher Vertrag, sondern als öffentlich-rechtliche Konzessionsurkunde aufzufassen."

[150] AöR 38 (1918), 341 ff.

[151] *Stern*, AöR 84 (1959), 297. Vgl. bereits *Fischerhof*, Rechtsfragen der Energiewirtschaft, S. 69. Zu den gemischten Verträgen *Ronellenfitsch*, Zur Kostenverteilung bei der äußeren Erschließung des Terminals Ost. Rechtsgutachten (n.v.), 1992, S. 32 ff.

[152] Vgl. aber *Feuerborn / Riechmann*, § 3 KAV Rn. 7.

[153] Vgl. *Zacher*, Konzessionsverträge, S. 183.

Nicht von ungefähr kam seit den 50er Jahren der Streit zwischen den Straßenverwaltungen und den Energieversorgungsunternehmen, ob Energieversorgungsunternehmen gegen den Straßenbaulastträger ein Anspruch auf Einräumung einer Leitungsdienstbarkeit nach § 1090 BGB zusteht[154], nicht zur Ruhe. Da aber auf beiden Seiten zunächst die Neigung gering war, die Streitfrage höchstrichterlich klären zu lassen, kam es zum Abschluß einer Vielzahl von Gestattungsverträgen unterschiedlichsten Inhalts. Für die verschiedenen Vertragsmuster hat sich die Bezeichnung „Altverträge“ eingebürgert. Die inhaltliche Bandbreite solcher *Altverträge* reicht von einer vollständigen Überwälzung aller denkbaren Folgekosten auf die Versorgungsunternehmen bis zur Einräumung von Leitungsdienstbarkeiten an der Straße.

Unbeschadet der abweichenden Interessenlage hielten alle Beteiligten eine globale Regelung auf privatrechtlicher Basis für geboten. Um zu einer Vereinheitlichung der vielgestaltigen Straßenbenutzungsregelungen zu kommen, nahmen die Spitzenverbände der Versorgungswirtschaft und die zuständigen Landesbehörden das Inkrafttreten des Bundesfernstraßengesetzes am 12. September 1953 zum Anlaß, in Verhandlungen über einen einheitlichen Mustervertrag einzutreten. 1954 begannen sie, den durch § 8 Abs. 10 FStrG eröffneten Verhandlungsspielraum auszuschöpfen[155]. Allerdings konnte – trotz des am 27. September 1961 ergangenen, für die Straßenverwaltung positiven Urteils des Bundesverwaltungsgerichts[156] – erst 1964 der Länderfachausschuß „Straßenbaurecht“ im Auftrag des Bundesverkehrsministeriums einen ersten Entwurf einer *Musterregelung für die Mitbenutzung von Bundesfernstraßen durch Versorgungsleitungen* zur Diskussion stellen. Dies führte zu zahlreichen weiteren Änderungen, bis endlich der Entwurf in der Fassung vom 27. Mai 1968 zustande kam[157], nachdem kurz zuvor das Bundesverwaltungsgericht mit Urteil vom 29. März 1968 das Angebot eines Gestattungsvertrags mit einer für die Versorgungsunternehmen ungünstigen Folgekostenregelung für angemessen und zumutbar erklärt hatte[158]. Durch Einführungsschreiben des Bundesministers für Verkehr vom 3. Dezember 1968[159] wurden die obersten Straßenbaubehörden der Länder angewiesen, das Vertragsmuster des

[154] Vgl. etwa *Forsthoff*, Die Enteignung öffentlicher Straßen bei der Kreuzung durch Gasfernleitungen. Rechtsgutachten, 1960.

[155] Hierzu *Braun*, Mustervertrag für die Mitbenutzung von Bundesfernstraßen durch Versorgungsleitungen, et 1969, 89 ff.

[156] – 1 C 37.60 –, BVerwGE 13, 75 = DVBl. 1962, 497.

[157] Hierzu (aus der Sicht der Versorgungswirtschaft) *Braun*, Mustervertrag für die Mitbenutzung von Bundesfernstraßen durch Versorgungsleitungen, et 1969, 89 ff.; 169 ff.; *Joachim*, Die Folgekostenproblematik des Bundesmustervertrages vom 3.12.1968, et 1979, 553 ff.

[158] – 4 C 100.65 –, BVerwGE 29, 248 = DVBl. 1969 = VkBl. 1968, 488.

[159] VkBl. 1969, 27.

Bundes für die Gestattung von Leitungen der öffentlichen Versorgung in Bundesfernstraßen für die Zukunft zur Anwendung zu bringen.

Die Auseinandersetzungen setzten sich jedoch fort, da die Energieversorgungsunternehmen den Mustervertrag für unausgewogen hielten[160] und an seiner einseitigen Inkraftsetzung durch den Bundesverkehrsminister Anstoß nahmen[161]. Außerdem enthielt der Mustervertrag nur eine partielle Regelung der Folgekostenproblematik. Nach zähen Verhandlungen kam es dann zur Einführung eines mit den Spitzenverbänden der Versorgungswirtschaft abgestimmten Musters eines *Rahmenvertrages zur Regelung der Mitbenutzungsverhältnisse zwischen Bundesfernstraßen und Leitungen der öffentlichen Versorgung* vom 9. Dezember 1974[162]. Anders als der Bundesmustervertrag, der nur ex-nunc-Wirkung entfaltete mit der Möglichkeit, die alten Verträge umzugestalten, erfaßte der Rahmenvertrag *alle bestehenden und künftigen Straßenbenutzungen*. Er wurde indessen nicht von allen betroffenen Versorgungsunternehmen abgeschlossen, so daß auch die zahlreichen nach 1974 abgeschlossenen Verträge zwischen Straßenbaulastträgern und Energieversorgungsunternehmen ein vielfältiges Bild bieten.

Im Anschluß an den Rahmenvertrag erarbeitete die Paritätische Kommission von Vertretern der Straßenbauverwaltungen und Verbänden der Versorgungswirtschaft das Muster eines Entschädigungsvertrages und vor allem das Muster eines Straßenbenutzungsvertrages für Leitungen der öffentlichen Versorgung bei Hinzukommen der Straße (Gegenvertrag), die mit Allgemeinem Rundschreiben Nr. 17/1984 vom 15. Juni 1984 eingeführt wurden[163]. Die Neufassung des Mustergegenvertrages erfolgte gleichzeitig mit der Neufassung des Mustervertrags 1968 durch Allgemeines Rundschreiben Nr. 7/1987

[160] Typisch *Braun*, et 1969, 163: „Das Bundesverkehrsministerium kann nicht erwarten, daß die unter dem Eindruck der genannten Größenordnung stehende Versorgungswirtschaft es begeistert aufnimmt, wenn zur kaum mehr zu bewältigenden Vielzahl unterschiedlicher vertraglicher Gestaltungen ein weiteres, recht begrenzt anwendbares Muster hinzukommt, welches in seiner Kompliziertheit, vor allem in der Folgekostenregelung, für die Praxis kaum überwindbare Schwierigkeiten aufwirft. Die unmittelbar an der Front stehenden nachgeordneten Straßenbehörden werden voraussichtlich ebensowenig Begeisterung für das Bundesmuster entwickeln, sobald sie erkannt haben, daß an Stelle der erhofften Entlastung und Vereinfachung zusätzlich noch neue Streitpunkte und Abgrenzungsschwierigkeiten geschaffen worden sind. Beiden betroffenen Teilen könnte geholfen werden, wenn endlich eine generelle, alle vorhandenen und künftigen Berührungsfälle gleichmäßig erfassende und einfach zu handhabende, Rahmenregelung geschaffen wird. Brauchbare Ansätze für eine vernünftige Bereinigung der Situation haben sich bereits ergeben. Mit genereller Einführung einer Kosten und Personalaufwand senkenden Rahmenlösung könnte das Vertragsmuster des Bundes zu den Akten gelegt werden. Keiner der mit seiner Verwendung unmittelbar Befaßten würde ihm eine Träne nachweinen."

[161] Vgl. *Büdenbender*, Energierecht, Rdnr. 505.

[162] VkBl. 1975, 69.

[163] VkBl. 1984, 295.

vom 27. April 1987[164]. Kern des Mustervertrags 1987 (MuV 1987) ist die Regelung der Folgepflicht und Folgekosten in § 10. Bestehende Verträge ließ der Mustervertrag 1987 unberührt.

Die Vielzahl der unterschiedlichsten Gestattungsverträge hatten eine unübersichtliche Rechtslage zur Folge, an der auch die Vertragsmuster nichts ändern konnten. Dies führt immer wieder zu rechtlichen Auseinandersetzungen hinsichtlich der Folgekosten. Angesichts der unterschiedlichen Interessenlage der Straßenverwaltungen und Energieversorgungsunternehmen ist es verständlich, daß die Streitigkeiten über die Folgekostenpflicht immer noch nicht endgültig ausgetragen sind. Das schließt es jedoch nicht aus, die inhaltlichen Aussagen der Gestattungsverträge zu typisieren und daraus verallgemeinernde Schlüsse auf die Folgekostenproblematik zu ziehen.

c) Inhalt

Bei der Vielfalt der möglichen Gestattungsverträge läßt sich deren Inhalt ähnlich wie der Inhalt der Konzessionsverträge nicht einheitlich bestimmen. Maßgeblich sind hier ebenfalls die einzelnen Vertragsklauseln. Die meisten Klauseln der Konzessionsverträge sind allerdings bei den Gestattungsverträgen gegenstandslos. Auch die Gestattungsverträge enthalten aber per definitionem Benutzungsklauseln; Folgekostenklauseln sind üblich und typisch. Regelmäßig trifft danach die Versorgungsunternehmen als Korrelat für die unentgeltliche Benutzung die Verpflichtung, die Folgekosten zu übernehmen. Dieser pauschale Befund bedarf noch der Konkretisierung für die jeweils möglichen Sachverhaltskonstellationen.

5. Folgekosten

a) Ausgangslage

Mitbenutzungsrechte und Folgekostenpflichten stehen in untrennbarem sachlichen Zusammenhang. Die unterschiedliche Ausgestaltung der Mitbenutzungsrechte erschwert generalisierende Aussagen zur rechtlichen Behandlung der Folge- und Folgekostenpflicht. Möglich ist jedoch eine *typisierende Betrachtungsweise*. Zu diesem Zweck sind zunächst die Berührungsvarianten zu unterscheiden. Sodann muß differenziert werden,

- ob überhaupt eine vertragliche Vereinbarung getroffen wurde,
- ob ein Konzessions- oder ein Gestattungsvertrag abgeschlossen wurde,

---

[164] VkBl. 1987, 398.

- ob im Konzessions- oder Gestattungsvertrag eine Folgekostenklausel enthalten ist, und
- ob eine dingliche Sicherung der Mitbenutzungsrechte erfolgte.

b) Folgekostenvarianten

Da als Folgekosten im weitesten Sinne die Kosten zu verstehen sind, die aus der Anpassung von Versorgungsleitungen an Änderungen oder Neuverlegungen von Straßen entstehen, sind Folgekosten bei vorhandenen Berührungen sowie Folgekosten bei Berührungen durch Hinzukommen der Straße auseinanderzuhalten[165].

Bei *vorhandenen Berührungen* sind *Änderungen bestehender Straßen* für die Folgekosten verantwortlich. Unter Änderung der Straße ist dabei die Änderung der Straße als Einrichtung der Daseinsvorsorge zu verstehen. Es geht also nicht allein um die Änderung der Straße als bauliche Anlage, sondern vor allem um die Verkehrsfunktion der Straße[166]. Der Bau einer Ortsumgehung[167] oder die Anlage einer Autobahnanschlußstelle[168] stellen sich deshalb als Änderung einer vorhandenen Straße dar[169]. Wo die Änderung einer Straße die Folgepflicht räumlich zum Entstehen bringt, spielt keine Rolle. Die Folgekostenpflicht erfaßt auch Leitungsteile außerhalb der veränderten Straße. Für die Folgepflicht ist es ferner unerheblich, auf wessen Veranlassung die Änderung der vorhandenen Straße erfolgte. Hinsichtlich der Folgekostenpflicht macht es aber einen Unterschied, ob der Straßenbaulastträger in seiner Dispositionsfreiheit von straßenfremden Kosten bewahrt bleiben soll oder ob das Versorgungsunternehmen zur Entlastung auch unbeteiligter Dritter her-

---

[165] Allgemeines Rundschreiben Straßenbau Nr. 3/1992 vom 6.11.1992 (VkBl. 1992, 677), Nr. 2 und 3.

[166] BGH, Urteil vom 11.7.1980 – V ZR 54/79 –, BGHZ 78, 66 (72) = DVBl. 1981, 389.

[167] BGH, Urteil vom 15.5.1963 – V ZR 181/62 –, VkBl. 1963, 566. Vgl. auch OLG Hamm, Urteil vom 13.11.1980 – 5 U 90/80 –, VkBl. 1981, 188; OLG Zweibrücken, Urteil vom 19.7.1984 – 7 U 181/83 –, VkBl. 1984, 547.

[168] LG Kaiserslautern, Urteil vom 31.1.1984 – 4 O 349/83 –, VkBl. 1984, 466.

[169] Gegenbegriff: Neubau einer Straße. Er liegt vor, wenn ein „völlig neuer Verkehrsweg" geschaffen wird, der als solcher von erheblichem Eigengewicht ist und mit der Verkehrsbelastung der Gestattungsstraße selbst nicht zu tun hat; BGH, Urteil vom 15.5.1963, VkBl. 1963, 566; vom 11.7.1980, BGHZ 77, 69 = DVBl. 1981, 389 = MDR 1981, 39 = VerwRspr. 32, 108 = NJW 1981, 123; vom 25.9.1981 – V ZR 105/80 –, NVwZ 1982, 56 = MDR 1982, 308 = BGHWarn 1981 Nr. 249 = VkBl. 1982, 56; vom 7.5.1991, Recht der Elektrizitätswirtschaft 1991, 130. Eine vertragliche Kostenüberwälzung auf die Versorgungsunternehmen auch beim Straßenneubau ist dann nicht mißbräuchlich, wenn der Baulastträger der Gestattungsstraße und der neuen Straße identisch ist; vgl. Schl.-H. OLG, Urteil vom 19.7.1979 – 7 U 199/77 –, VkBl. 1983, 89.

angezogen wird. Im letzteren Fall spricht man von (echter) Drittveranlassung[170]. Keine echte Drittveranlassung liegt vor, wenn der gestattende Straßenbaulastträger bei Gemeinschaftsvorhaben zugleich allein und aus eigenem verkehrlichen Bedürfnis Veranlasser ist.

Beim *Hinzukommen neuer Straßen* zu vorhandenen Versorgungsleitungen werden entweder erstmals Berührungspunkte geschaffen oder die Leitungen werden verdrängt. Die Folgekostenpflicht hängt dann von der zu diesem Zeitpunkt bestehenden Rechtsposition der Versorgungsunternehmen ab. Entsprechendes gilt, wenn durch die Änderung einer vorhandenen Straße Leitungen außerhalb des bisherigen Straßengrundstücks neu erfaßt werden.

c) Folgekostenregelungen

Bei *Konzessionsverträgen* richten sich die Folgekostenklauseln nach dem Inhalt des jeweiligen Vertrags. Wurde im Konzessionsvertrag keine Folgekostenvereinbarung getroffen, ist eine ergänzende Vertragsauslegung geboten[171]. Im Zusammenhang mit der Konzessionsabgabenverordnung ist der Ausdruck „Folgekosten“ in einem anderen Sinn gebräuchlich, was die Gefahr von Fehlinterpretationen heraufbeschwört. So soll § 3 Abs. 1 Satz 1 Nr. 2 KAV eine eng zu verstehende Regelung über die Folgekostenvergütung treffen[172]. § 3 Abs. 1 Satz 1 Nr. 2 KAV schließt gleichwohl eine traditionelle Folgekostenklausel in einem Konzessionsvertrag nicht aus. Die Vorschrift betrifft nämlich nur die Kosten, die den Gemeinden bei Bau und Unterhaltungsmaßnahmen an ihren öffentlichen Verkehrswegen durch Versorgungsleitungen entstehen. Diese Kosten dürfen den Versorgungsunternehmen in Rechnung gestellt werden, so daß es sich um Leistungen handelt, die die Versorgungsunternehmen den Gemeinden „gewähren“. Das besagt aber nicht, daß die Energieversorgungsunternehmen Kosten, die ihnen infolge von Straßenbaumaßnahmen entstehen, nicht selbst tragen müssen. Man könnte sogar aus § 3 Abs. 1 Satz 1 Nr. 2 KAV den Umkehrschluß ziehen, daß eine Folgekostenvereinbarung zu Lasten der kommunalen Straßenbaulastträger nicht zulässig sei. Zweck der Konzessionsabgabenverordnung ist es indessen nicht, das kommunale Straßenwesen zu schützen. Das kann nur bedeuten, daß die Konzessionsabgabenverordnung hinsichtlich der Folgekostenklauseln an der früheren Rechtslage nichts ändern sollte und auch nichts geändert hat[173]. Im-

---

[170] ARS Nr. 3 / 1992 Nr. 2.1.6; *Kempfer*, in: *Kodal / Krämer*, Straßenrecht, S. 706 ff. (Rdnr. 34).

[171] Hierzu unten d).

[172] *Feuerborn / Riechmann*, Konzessionsabgabenverordnung § 3 Rdnr. 9.

[173] Vgl. BR-Drucks. 689/91 zu § 3: „Nr. 2 betrifft Mehrkosten (sog. Folgekosten), die der Gemeinde bei Bau- und Unterhaltungsmaßnahmen an ihren Verkehrswegen durch die

merhin ließe sich § 3 Abs. 1 Satz 1 Nr. 2 KAV als Verankerung des Veranlasserprinzips im Konzessionsvertragsrecht verstehen. Da in Konzessionsverträgen ein Ausgleich zahlreicher konträrer und paralleler Interessen gefunden werden muß, der in zahlreichen Klauseln seinen Ausdruck findet, besteht hier die Notwendigkeit, Verschiebungen im Interessengeflecht auszugleichen. Dabei könnte der Grundsatz aufgestellt werden, daß derjenige für einen entsprechenden Ausgleich zu sorgen hat, von dem die Verschiebung veranlaßt wurde. Dieser Grundsatz ist jedoch noch nicht anerkannt. Ob im Konzessionsabgabenrecht das Veranlasserprinzip sich zu einem allgemeinen Rechtsgrundsatz entwickeln könnte, ist vielmehr völlig offen. Eindeutige Gerichtsentscheidungen, die in diese Richtung tendieren, liegen jedenfalls noch nicht vor.

Der *Gestattungsvertrag* dient in erster Linie den Interessen des Unternehmers an der Benutzung eines Straßengrundstücks, dessen Eigentümer durch die Benutzung lediglich belastet wird. Eine Überbürdung der Folgekosten auf den Unternehmer entspricht deshalb einem angemessenen Interessenausgleich[174]. Der konkrete Interessenausgleich erfolgt auf unterschiedliche Weise.

Ist eine Folgekostenvereinbarung getroffen, kann dies in einem Altvertrag, einem dem Mustervertrag von 1968, dem Rahmenvertrag von 1974, dem Gegenvertrag nach dem Muster von 1984 und 1987 oder dem Mustervertrag von 1987 entsprechenden oder einem von den Mustern abweichenden Neuvertrag geschehen sein.

– Bei *Altverträgen* ist allein der Vertragsinhalt ausschlaggebend. Vertragsinhalt können auch die Eisenbahnkreuzungsrichtlinien von 1938 sein[175]. Altverträge betreffen häufig beide Varianten der Folgekostenpflicht und sehen zumeist eine umfassende Verpflichtung der Energieversorgungsunternehmen zur Übernahme der Folgekosten vor.

– Der *Mustervertrag von 1968* sah folgende Regelung vor:

§ 10 Folgepflicht und Folgekosten

(1) Das Versorgungs-(Abwasser-)unternehmen führt Änderungen oder Sicherungen der Anlage, die die Straßenbauverwaltung wegen einer Verlegung, Verbrei-

---

Existenz der Leitungen entstehen. Kosten für Leitungsarbeiten, die das Versorgungsunternehmen oder von ihm Beauftragte selbst durchführen, sind von den Versorgungsunternehmen selbst zu tragen. Auch im übrigen soll durch die Neufassung an den bestehenden Musterverträgen nichts geändert werden."

[174] *Lorenz*, Straßengesetz Baden-Württemberg. Kommentar, 1992, § 21 Rdnr. 32.

[175] Anordnung des Reichswirtschaftsministers vom 30.9.1938 – II En 7923/38 (Elektrizitätswirtschaft 1938, 763); hierzu *Kempfer*, in: *Eiser/Riederer/Obernolte*, V Wege, S. 16c f.

terung oder sonstigen Änderung der Straße oder wegen einer Unterhaltungsmaßnahme nach pflichtgemäßem Ermessen für erforderlich hält, nach schriftlicher Aufforderung durch die Straßenbauverwaltung unverzüglich durch, damit Straßenbaumaßnahmen nicht behindert werden (Folgepflicht). Dies gilt auch, wenn die Änderung oder Sicherung der Anlage ausschließlich durch den Neubau einer anderen Straße oder durch die Änderung oder Unterhaltung einer kreuzenden Straße veranlaßt wird.

(2) Das Versorgungs- (Abwasser-) unternehmen trägt die Kosten dieser Änderungungen oder Sicherungen der Anlage (Folgekosten). Die Straßenbauverwaltung trägt jedoch die Kosten, wenn und soweit

a) bei einer kreuzenden Leitung durch Verlegung der Straße eine zusätzliche Kreuzung entsteht,

b) die Änderung oder Sicherung der Anlage ausschließlich durch den Neubau einer anderen Straße veranlaßt wird,

c) Anlagen des Versorgungs- (Abwasser-) unternehmens, die außerhalb der jeweiligen bisherigen Straßengrundstücke liegen, wegen einer Verbreiterung der Straße geändert oder gesichert werden und die Änderung oder Sicherung nicht Folge einer Niveauänderung der Straße innerhalb des bisherigen Straßengrundstücks ist.

(3) Kostenerstattungsansprüche gegen Dritte bleiben unberührt. Wertverbesserungen werden ausgeglichen.

(4) Werden durch die Verlegung oder Verbreiterung der Straße weitere Teile der Anlage von der Straße gekreuzt, gilt der Vertrag auch für diese Teile der Anlage.

Erfaßt werden somit beide Folgekostenvarianten. Grundsätzlich hat das Versorgungsunternehmen die Folgekosten zu tragen. Die drei Ausnahmefälle betreffen das Schaffen neuer Berührungspunkte, die echte Drittveranlassung und die Erfassung von Leitungen in Grundstücken außerhalb des bisherigen Straßenraums.

– Der *Rahmenvertrag von 1974* enthält folgende Regelung

§ 11 Folgepflicht und Folgekosten

(1) Das Unternehmen führt Änderungen oder Sicherungen der Anlage, die die Straßenbauverwaltung wegen einer Verlegung, Verbreiterung oder sonstigen Änderung der Straße oder wegen einer Unterhaltungsmaßnahme nach pflichtgemäßem Ermessen für erforderlich hält, nach schriftlicher Aufforderung durch die Straßenbauverwaltung unverzüglich durch, damit Straßenbaumaßnahmen nicht behindert werden (Folgepflicht). Dies gilt auch, wenn die Änderung oder Sicherung der Anlage ausschließlich durch den Neubau einer anderen Straße oder durch Änderung oder Unterhaltung einer kreuzenden Straße veranlaßt wird.

(2) Die Kosten dieser Änderung oder Sicherung der Anlage (Folgekosten) tragen bei einer kreuzenden Leitung die Straßenbauverwaltung und das Unternehmen je zur Hälfte. Dies gilt auch, soweit die Anlage von Baumaßnahmen an der kreuzenden Straße außerhalb des bisherigen Straßenkörpers, aber innerhalb der bisherigen Anbaubeschränkungen im Sinne der Straßengesetze betroffen wird. Soweit die

Anlage außerhalb der bisherigen Anbaubeschränkungen betroffen wird, trägt die Kosten die Straßenbauverwaltung nach Maßgabe der §§ 4 und 6.

(3) Die Kostenregelung des Absatzes 2 Satz 1 gilt auch für längsverlegte Leitungen in Ortsdurchfahrten einschließlich der nicht in der Baulast der Straßenbauverwaltung stehenden Straßenflächen der Ortsdurchfahrten, wie z.B. Gehwege, Parkstreifen usw., soweit diese Leitungen wegen der Versorgung der Anliegergrundstücke die Ortsdurchfahrt benutzen und nicht nur Durchleitungszwecken dienen.

(4) Die Kosten der Änderung oder Sicherung der sonstigen innerhalb der Straßengrundstücke längsverlegten Leitungen trägt das Unternehmen. Wirkt sich die Änderung oder Sicherung der Anlage auf bislang außerhalb der Straßengrundstücke gelegene Teile der Anlage aus, so trägt das Unternehmen auch insoweit die Kosten. Im übrigen werden Kosten der Änderung oder Sicherung von Anlagen, die außerhalb der bisherigen Straßengrundstücke längsverlegt sind, von der Straßenbauverwaltung getragen.

(5) Kosten der Änderung oder Sicherung, die ausschließlich und unmittelbar durch den Neubau der Straße eines anderen Baulastträgers veranlaßt werden, trägt die Straßenbauverwaltung.

Auch der Rahmenvertrag behandelt alle Folgekostenvarianten. Unterschieden wird hier zwischen kreuzenden und längsverlegten Leitungen. Nur bei außerörtlichen längsverlegten Leitungen bleibt es bei der umfassenden Folgekostenpflicht der Energieversorgungsunternehmen. Bei kreuzenden Leitungen sowie bei längsverlegten Leitungen in Ortsdurchfahrten, die der Anliegerversorgung dienen, findet eine Kostenteilung statt. Die Folgekostenpflicht der Energieversorgungsunternehmen entfällt in Fällen echter Drittveranlassung, ferner, wenn Leitungen außerhalb der bisherigen Anbaubeschränkungen betroffen werden.

- § 4 des *Gegenvertrags von 1984* traf eine alternative Regelung, je nachdem die Folgekosten durch die Änderung oder Sicherung einer dinglich gesicherten oder dinglich nicht gesicherten Anlage hervorgerufen werden. Im ersten Fall hat die Straßenbauverwaltung die Folgekosten im vollem Umfang zu tragen. Für den zweiten Fall wurde die Regelung des § 11 Abs. 2–5 Rahmenvertrag wortgleich übernommen.

- § 10 des *Mustervertrags von 1987* ist mit § 10 des Mustervertrags von 1968 identisch. Auch § 4 des Gegenvertrags 1987 übernahm die frühere Regelung unverändert.

- *Neuverträge* sind Verträge, die nach 1968 abgeschlossen wurden und vom Rahmenvertrag oder den Vertragsmustern abweichen. Solche Verträge spielen in der Praxis keine Rolle. Maßgeblich wäre, wie bei den Altverträgen, der spezielle Vertragsinhalt.

d) Keine Regelung

An einer Regelung der Folgekostenpflicht kann es fehlen, weil entweder der Konzessions- oder Gestattungsvertrag keine Folgekostenklausel enthält oder weil die Straßenbenutzung ohne vertragliche Grundlage erfolgt.

Enthält der Straßenbenutzungsvertrag keine Regelung über die Folgekosten, wird im Wege der Auslegung (§ 157 BGB) ermittelt, wer sie zu tragen hat[176]. Beim Konzessionsvertrag hat die Gemeinde selbst ein Interesse an der Versorgungsleitung. Für den durch ergänzende Vertragsauslegung zu erzielenden Interessenausgleich kann daher auf den Rechtsgedanken von § 11 des Rahmenvertrags zurückgegriffen werden[177]. Dies gilt erst recht bei schlichten Gestattungsverträgen, wo ohnehin die Interessenlage des Straßeneigentümers dahin geht, neben der unentgeltlichen Gestattung nicht auch noch mit straßenfremden Kosten belastet zu werden[178].

Hat der Straßeneigentümer eine tatsächliche Straßenbenutzung geduldet oder ist er ihr nicht entgegengetreten, so liegt nur eine tatsächliche Duldung vor, aus der sich grundsätzlich keine geschützte Rechtsstellung herleiten läßt. Es versteht sich von selbst, daß in diesem Fall dem Versorgungsunternehmen ebenso die Folgekosten anzulasten sind wie im Fall der widerrechtlichen Straßenbenutzuung (§§ 862[179], 1004 BGB). In der Regel wird aber ein stillschweigend geschlossener Leihvertrag anzunehmen sein[180]. Erfordert eine

---

[176] BGH, Urteil vom 3.10.1985 – III ZR 103/84 – BGHWarn 1985 Nr. 263 = UPR 1986, 381; *Kempfer*, in: *Kodal/Krämer*, S. 701 (Rdnr. 36.1 m.w.N.); *ders.*, in: *Eiser/Riederer/Obernolte*, Wege V, S. 20c. Dies gilt auch für unvollständige Regelungen, LG Münster, Urteil vom 14.6.1984 – 11 O 556/82 –, VkBl. 1984, 453. Nur aus dem Umstand, daß die Straßenbenutzung unwiderruflich gestattet worden ist, kann die Zahlungspflicht des Straßeneigentümers für Verlegungskosten nicht abgeleitet werden, BGH, Urteil vom 20.12.1971 – V ZR 132/69 –, MDR 1972, 502 = NJW 1972, 493 = VkBl. 1973, 491. Zur Ermessensentscheidung nach § 315 Abs. 1 BGB BGH, Urteil vom 5.4.1968 – V ZR 99/65 –, MDR 1968, 744. Drittveranlaßte Folgekosten können den Energieversorgungsunternehmen nicht im Wege ergänzender Vertragsauslegung angelastet werden; BGH, Urteil vom 18.12.1986 – III ZR 84/85 –, Recht der Elektrizitätswirtschaft 1987, 137.

[177] Vgl. BGH, Urteil vom 23.11.1979 – V ZR 11/75 –, Recht der Elektrizitätswirtschaft 1980, 152 = VkBl. 1981, 377 (378) = GWF 1981, 1 = MDR 1980, 743 = BGHWarn 1979 Nr. 308 = WM 1980, 903 = StT 1980, 487.

[178] BGH ebd.: Bei den Gestattungsverträgen spreche in der Tat wenig dafür, daß der Straßeneigentümer neben der Gestattung der Straßenbenutzung, die ihn bei der Erfüllung seiner Aufgaben als Träger der Straßenbaulast beeinträchtige, auch noch die Folgelasten zu tragen habe; ähnlich *Kempfer*, in: *Eiser/Riederer/Obernolte*, Wege V, S. 20c.

[179] Zur verbotenen Eigenmacht AG Westerburg, Urteil vom 18.12.1991 – 2 C 1226/91 –, RdE 1994, 117.

[180] *Lorenz*, Straßengesetz Baden-Württemberg, § 21 Rdnr. 21. Beim Leihvertrag begründet der Wegfall der rechtlich nicht gesicherten Erwartung auf Fortbestand des Vertragsverhältnisses keinen Entschädigungsanspruch aus Art. 14 GG; vgl. VGH Bad.-Württ., Urteil vom 10.6.1992 – 17 U 269/90 –, VkBl. 1992, 582.

Straßenbaumaßnahme hier die Änderung oder Verlegung einer Leitung, so muß das Leihverhältnis gemäß § 605 Nr. 1 BGB rechtzeitig gekündigt werden. Die Folgekostenpflicht obliegt dann dem Versorgungsunternehmen. Entsprechendes gilt, wenn das Mitbenutzungsverhältnis durch das Hinzukommen einer Straße entstand und der Abschluß eines Mitbenutzungsvertrags unterlassen wurde. War jedoch das Straßengrundstück mit einer Dienstbarkeit belastet, war das Mitbenutzungsrecht dinglich durch eine Grund- oder beschränkte persönliche Dienstbarkeit gem. §§ 1023, 1090 BGB gesichert, so trägt der Straßenbaulastträger nach § 1023 BGB die Folgekosten. § 1023 BGB bringt keinen allgemeinen Rechtsgrundsatz zum Ausdruck, der immer zur Anwendung kommt, wenn durch Straßenbaumaßnahmen Versorgungsleitungen verdrängt werden[181]. Zwar genießt auch ein obligatorisch gesichertes Nutzungsrecht den Schutz des Art. 14 GG[182]. Bei als Leihe oder der Leihe ähnlich anzusehenden Rechtsverhältnissen stößt der Schutz wegen § 605 Nr. 1 BGB aber letztlich ins Leere. In seinem – begrüßenswerten – Urteil vom 17. März 1994[183] hat der Bundesgerichtshof hierzu ausgeführt:

> „Art. 14 GG schützt allerdings nur konkrete subjektive Rechtspositionen, die einem Rechtsträger bereits zustehen, nicht dagegen die Chancen und Aussichten, auf deren Verwirklichung ein rechtlich gesicherter Anspruch nicht besteht. Bei dem vorzeitigen Entzug eines – auch langfristigen – obligatorischen Nutzungsrechts bestimmt sich die Enteignungsentschädigung daher nur danach, welche vertragliche Rechtsposition der Nutzungsberechtigte im Einzelfall gegenüber seinem Vertragspartner innehatte und was er von seinem Recht hat abgeben müssen. Ist seine Rechtsstellung dadurch begrenzt, daß das Vertragsverhältnis von dem Vertragspartner durch Kündigung oder in anderer Weise beendet werden kann, so besteht auch bei tatsächlicher, rechtlich aber nicht gesicherter Übereinstimmung des Vertragsverhältnisses enteignungsrechtlich allenfalls eine tatsächliche Erwartung auf die Nichtbeendigung des Vertragsverhältnisses. Der Wegfall einer solchen rechtlich nicht gesicherten Erwartung auf Fortbestand eines Vertragsverhältnisses begründet keinen Anspruch auf Entschädigung nach Art. 14 GG. Zu einer eigentumsähnlichen Rechtsposition kann sich ein solches Nutzungsrecht ohne rechtliche Absicherung grundsätzlich auch bei langer Dauer nicht verdichten."[184]

---

[181] Abweichend für Konzessionsverträge (unter Berufung auf das zum Zeitpunkt des Vertragsabschlusses angeblich vorherrschenden Veranlasserprinzips) OLG Frankfurt, Urteil vom 25.3.1982 – 1 U 144/81 –, et 1982, 1092 (1093); aufgehoben durch BGH, Urteil vom 17.3.1994 – III ZR 10/93 –, BGHZ 125, 293.

[182] BGH, Urteil vom 4.10.1979 – III ZR 28/78 –, BGHWarn 1979 Nr. 241 = WM 1980, 118 (120) = Recht der Elektrizitätswirtschaft 1980, 40 m. Anm. *Häusler* (S. 38 f.) = DVBl. 1980, 283 = R+S 1980, 42; Urteil vom 20.2.1992 – III ZR 193/90 –, RdE 1993, 16 = WM 1992, 997; hierzu *Studentkowski*, RdE 1993, 5 ff.; OLG Frankfurt, Urteil vom 3.3. 1983 – 1 U 103/82 –, Recht der Elektrizitätswirtschaft 1983, 249; LG Wiesbaden, Urteil vom 26.11.1981 – 2 O 311/81 –, Recht der Elektrizitätswirtschaft 1982, 241.

[183] – III ZR 10/93 –, BGHZ 125, 293.

[184] BGHZ 125, 299.

Die diffizilen Regelungen in den Konzessions- und Gestattungsverträgen zeigen, daß hinsichtlich der Folgekostenpflicht Pauschallösungen nicht sachgerecht wären. Auch wenn in den Mitbenutzungsverträgen Folgekostenklauseln nicht enthalten sind oder wenn vertragliche Regeln ganz fehlen, können nicht kurzerhand demjenigen die Folgekosten auferlegt werden, auf dessen Veranlassung die Folgekosten entstanden sind. Jedenfalls bei Gestattungsverträgen kann sich ein Versorgungsunternehmen nicht auf das *Veranlasserprinzip* berufen[185]. Bei abweichenden vertraglichen Regelungen gilt das Veranlasserprinzip ohnehin nicht[186].

6. Zwischenergebnis

Das Spannungsverhältnis zwischen den Energieversorgungsunternehmen und Straßenbauverwaltungen ist so vielgestaltig, daß es keine Patentrezepte für die Bewältigung der Folgekostenproblematik geben kann.

Auch § 8 Abs. 10 FStrG regelt nur Teilaspekte. Der Verweis auf die privatrechtliche Vertragsgestaltung besagt zudem, daß im Rahmen der Privatautonomie die verschiedenartigsten Vertragsausgestaltungen möglich sind. Das heißt aber nicht, daß jede beliebige vertragliche Regelung zulässig wäre. Vielmehr haben die Träger der Daseinsvorsorge aufeinander Rücksicht zu nehmen.

Maßgeblich ist die *jeweilige Interessenlage* der Vertragspartner, die sich namentlich bei Konzessions- und Gestattungsverträgen unterscheidet. Mag es bei Konzessionsverträgen noch Ansatzpunkte für die Anwendung des Veranlasserprinzips geben oder wenigsten früher gegeben haben, so spricht bei Gestattungsverträgen alles dafür, die *unentgeltliche Straßennutzung dadurch auszugleichen, daß die Energieversorgungsunternehmen mit den Folgekosten belastet werden,* soweit diese sich nicht auf dinglich gesicherte Rechtspositionen berufen können.

---

[185] BGH, Urteil vom 24.1.1969 – V ZR 74/65 –, BGHZ 51, 319 (324) = NJW 1969, 1066; vom 27.6.1969 – V ZR 89/66 – DVBl. 1970, 111 m. Anm. *Stürner*; vom 9.7.1969 – V ZR 62/66 –, WM 1969, 1283 (1284); vom 28.4.1971 – V ZR 198/68 –, WM 1971, 754; vom 4.10.1979 – III ZR 28/78 –, WM 1980, 118 (120) = DVBl. 1980, 283 = Recht der Elektrizitätswirtschaft 1980, 40 = et 1980, 301; vom 23.11.1979, Recht der Elektrizitätswirtschaft 1980, 152; vom 28.3.1980 – III ZR 131/78 –, Recht der Elektrizitätswirtschaft 1980, 148 (150) m. Anm. *Häusler* = et 1980, 503 = MDR 1980, 656; vom 3.10. 1985 – III ZR 103/84 –, NVwZ 1986, 689; vom 18.12.1986 – III ZR 84/85 –, BGHR BGB § 598 Konzessionsvertrag 1; vom 22.2.1989 – III ZR 27/88 –; vom 8.7.1993 – III ZR 146/92 –, BGHZ 123, 166 (168) = MDR 1993, 1062; vom 17.3.1994 – III ZR 10/93 –, BGHZ 125, 293 (296 f.).

[186] BGH, Urteil vom 27.6.1962 – V ZR 204/60 –, VkBl. 1962, 572; vom 15.5.1963 – V ZR 191/62 – VkBl. 1963, 566 (568); vom 15.5.1963 – V ZR 32/61 –, VkBl. 1963, 79 (81).

Das *Veranlasserprinzip gilt hier* – von den Fällen der (echten) Drittveranlassung abgesehen – *nicht*, weil es ersichtlich nicht interessengerecht wäre.

III. Rechtslage in der früheren DDR

1. Historische Entwicklung

Während sich die Gründungsverfassung der DDR von 1949 mit Rücksicht auf die damals auch aus östlicher Sicht noch offene deutsche Frage im Sprachgebrauch an die Weimarer Verfassung anlehnte, wurde bereits auf dem 2. Parteikongreß der SED im Juni 1952 der „Aufbau des Sozialismus" verkündet. Spätestens zu diesem Zeitpunkt war die Gründungsverfassung obsolet geworden[187]. Eine *Kontinuität* von tradierten deutschen Rechtsinstitutionen *scheidet* damit für das Gebiet der DDR weitestgehend *aus*.

Das Spannungsverhältnis von Straßenwesen und Energiewirtschaft ergab sich zwar auch in der DDR. Es muß aber aus sich selbst heraus verstanden werden; historische Rückgriffe auf die Vorkriegszeit sind nur in geringem Maße zulässig. Ausschlaggebend ist – von der unmittelbaren Nachkriegsphase abgesehen – allein die Rechtsentwicklung in der DDR-Epoche.

2. Rechtsgrundlagen für Folgekostenansprüche in der Zeit bis zum 3.10.1990

a) Zivilrecht

Da in der DDR die Mitbenutzung von Grundstücken generell im Zivilgesetzbuch[188] geregelt war, ist zunächst zu prüfen, ob zivilrechtliche Rechtsgrundlagen für Folgekostenansprüche bestanden.

Die einschlägige Vorschrift ist § 321 ZGB. Sie lautet:

§ 321

(1) Die Begründung eines Rechts zur vorübergehenden oder dauernden Mitbenutzung eines Grundstücks in bestimmter Weise (wie Lagerung von Baumaterial, Aufstellen von Gerüsten, Einräumen von Wegerechten und Überfahrtrechten) bedarf der Vereinbarung zwischen den Nutzungsberechtigten. Die Mitbenutzung kann auch das Unterlassen bestimmter Handlungen durch den Nutzungsberechtigten des Grundstücks zum Inhalt haben. Dauernde Mitbenutzung bedarf eines schriftlichen Vertrages

[187] Vgl. *Brunner*, Das Staatsrecht der Deutschen Demokratischen Republik, in: HStR I, § 10 Rdnr. 7.

[188] Zivilgesetzbuch der DDR vom 19.6.1975 (GBl. I Nr. 27 S. 465).

und der Zustimmung des Eigentümers des betroffenen Grundstücks nur dann, wenn Rechte durch die Mitbenutzung beeinträchtigt würden.

(2) Kommt eine Vereinbarung über die Mitbenutzung nicht zustande, kann die Einräumung des Rechts auf Mitbenutzung gefordert werden, wenn das im Interesse der ordnungsgemäßen Nutzung benachbarter Grundstücke erforderlich ist. Der Anspruch ist gegen den Nutzungsberechtigten und, soweit die Zustimmung des Eigentümers des betroffenen Grundstücks erforderlich ist, auch gegen diesen geltend zu machen.

(3) Der Eigentümer oder der Nutzungsberechtigte kann eine angemessene Entschädigung verlangen, soweit seine Rechte durch die Mitbenutzung wesentlich beeinträchtigt werden. Weitere Ansprüche bleiben unberührt.

(4) Für die Mitbenutzung von Grundstücken zum Zwecke der Durchführung staatlicher oder wirtschaftlicher Maßnahmen, insbesondere der Nachrichtenübermittlung sowie der Energie- und Wasserwirtschaft, gelten die dafür bestehenden besonderen Rechtsvorschriften.

Die Mitbenutzung von Grundstücken durch Energieversorgungsleitungen war somit durch § 32 Abs. 4 ZGB *vollständig* vom Anwendungsbereich des Zivilgesetzbuchs ausgenommen. Demzufolge konnte auch für die Kosten für die Verlegung von Energieversorgungsleitungen das Zivilgesetzbuch nicht einschlägig sein. Dessen Vorschriften finden auch nicht subsidiär auf solche Kosten Anwendung. Maßgeblich sind vielmehr *allein* die „besonderen Rechtsvorschriften".

b) Energieverordnung

Das Mitbenutzungsrecht an Grundstücken und Bauwerken wurde durch die erwähnten besonderen energierechtlichen Vorschriften geregelt. Diese finden sich in erster Linie in der Energieverordnung[189], welche letztmals durch die Verordnung vom 28. Juni 1990 geändert wurde[190]. Gemäß § 69 Abs. 4 EnVO galten auch die Vorläufer der Energieverordnung fort, soweit sie deren neuester Fassung nicht widersprachen.

Die Bezugnahme auf die Vorläufer der Energieverordnung macht es erforderlich, kurz auf die Entwicklung der energierechtlichen Vorschriften in der früheren DDR einzugehen.

Unmittelbar nach dem Zweiten Weltkrieg galten in der sowjetischen Besatzungszone auf dem Energiesektor ebenso wie in den westlichen Besatzungszonen das BGB, das Energiewirtschaftsgesetz, die „Allgemeinen Bedingungen für die Versorgung mit elektrischer Arbeit aus dem Niederspannungsnetz der Elektrizitätsversorgungsunternehmen" und die „Allgemeinen Bedin-

[189] Oben mit Fußn. 14.

[190] Oben mit Fußn. 13.

gungen für die Versorgung mit Gas aus dem Versorgungsnetz der Gasversorgungsunternehmen"[191].

Die *Verordnung über die Neuordnung der Energiewirtschaft in der sowjetischen Besatzungszone (Energiewirtschaftsverordnung)* vom 22. Juni 1949[192] und vor allem die „Erste Durchführungs-Anordnung zur Energiewirtschaftsverordnung" vom gleichen Tag[193] setzten zwar nicht expressis verbis, jedoch zumindest im praktischen Ergebnis das Energiewirtschaftsgesetz und seine Nachfolgebestimmungen außer Kraft. Sie befaßten sich nämlich im wesentlichen mit der gleichen Materie und verfolgten zum Teil („Erfüllung des Wirtschaftsplanes") bereits andere Zwecke[194]. Dadurch entfielen freilich auch die speziellen energierechtlichen Regelungen über die Mitbenutzung von Grundstücken und Bauwerken für Energieversorgungsleitungen, so daß nur noch auf die Bestimmungen des BGB zurückgegriffen werden konnte[195]. Der Bruch der Rechtssysteme in Deutschland zeigte sich noch nicht so deutlich. Abschnitt III Abs. 4 der für verbindlich erklärten „Allgemeinen Bedingungen vom 21. Oktober 1953 für die Versorgung mit Elektroenergie und Gas aus den öffentlichen Versorgungsnetzen"[196] begründete für die Abnehmer wieder eine vertragliche Pflicht, die Mitbenutzung ihrer Grundstücke für die der örtlichen Versorgung dienenden Fortleitungsanlagen zu gestatten.

Knapp ein Jahr später erging die stärker von der DDR-Diktion geprägte *„Anordnung über die Benutzung von Grundstücken für Zwecke der Energieversorgung"*[197]. Ihre Zielsetzung umschrieb die Präambel dahingehend, daß zur Sicherung der Versorgung von Wirtschaft und Bevölkerung mit Elektroenergie und Gas im Rahmen eines umfassenden Energieprogramms vorhandene Kapazitäten erweitert und neue Anlagen zur Erzeugung und Übertragung von Energie geschaffen würden. Die rasche und reibungslose Durchführung dieser Maßnahmen, an denen alle Bürger interessiert seien, erfordere eine möglichst einfache und unbürokratische Regelung der Benutzung von Grundstücken, die durch Energieübertragungsanlagen berührt würden.

---

[191] Vgl. oben mit Fußn. 53.

[192] ZVOBl. S. 472.

[193] ZVOBl. S. 490.

[194] § 9 Durchführungsanordnung.

[195] Vgl. auch *Richard Ott*, Zur Mitbenutzung von Grundstücken und Bauwerken für Energiefortleitungen im Gebiet der ehemaligen DDR, Recht der Elektrizitätswirtschaft 1991, 150 ff. (151).

[196] ZBl. S. 515.

[197] AO vom 10.9.1954 (GBl. Nr. 84 S. 807); zit.: Benutzungsanordnung.

Den Mitbenutzungsanspruch regelte die Benutzungsanordnung wie folgt:

§ 1

(1) Zur Errichtung, Unterhaltung, Veränderung und Beseitigung von Energieübertragungsanlagen dürfen volkseigene und private Grundstücke betreten und für die Überspannung mit Leitungen, die Aufstellung von Masten, das Legen von Kabeln und Rohrleitungen und für die Errichtung von kleineren Umspann- und Regleranlagen bis zu einer Flächengröße von 50 qm beansprucht werden.

(2) Da die Energieversorgung dem Wohle der Allgemeinheit dient, besteht für Eigentümer und sonstige Nutzungsberechtigte von Grundstücken gemäß Artikel 22 der Verfassung der Deutschen Demokratischen Republik die soziale Verpflichtung, Beschränkungen beim Gebrauch des Eigentums auf sich zu nehmen, die sich nach Abs. 1 durch notwendige Maßnahmen ergeben.

Unberührt blieb gemäß § 11 der Benutzungsanordnung die Verpflichtung der Abnehmer von Elektroenergie und Gas nach den Allgemeinen Versorgungsbedingungen.

Mit den Folgepflichten und Folgekostenpflichten beschäftigte sich die Benutzungsanordnung ebenfalls:

§ 12

(1) Beantragt der Eigentümer oder sonstige Nutzungsberechtigte eines Grundstückes eine Verlegung der über sein Grundstück führenden Energieübertragungsanlagen und entspricht der volkseigene Energiebetrieb dem Antrag, weil durch die Verlegung eine Gefährdung der Leitung nicht eintritt, so hat der Eigentümer oder sonstige Nutzungsberechtigte die gesamten Kosten der Verlegung zu tragen.

(2) Macht sich eine Verlegung oder Veränderung von Energieübertragungsanlagen wegen Verlegung oder Veränderung öffentlicher Verkehrsräume erforderlich, so hat der jeweilige Verkehrsträger die entstehenden Kosten zu planen.

Zur Sicherung der Mitbenutzungsrechte bedurfte es keiner Eintragung von Grunddienstbarkeiten oder beschränkt persönlicher Dienstbarkeiten im Grundbuch[198]. Das Mitbenutzungsrecht entstand vielmehr unmittelbar kraft Gesetzes. Hieraus zog eine gemeinsame Anweisung der ehemaligen Ministerien des Innern und für Schwerindustrie vom 20. Juli 1955 bzw. 20. Dezember 1955 die Konsequenzen. Danach waren alle zur Sicherung von Leitungsrechten eingetragenen Grunddienstbarkeiten und beschränkt persönliche Dienstbarkeiten von Amts wegen zu löschen, soweit sie inhaltlich mit den sich aus der Beschränkungsanordnung ergebenden Eigentumsbeschränkungen übereinstimmten[199].

Das gewachsene Selbstverständnis der DDR als Stützpfeiler des sozialistischen Herrschaftsbereichs wird deutlich in der *Verordnung über die Leitung der Energiewirtschaft – Energiewirtschaftsverordnung* – vom 18. April 1963[200], deren Präambel das „Wachstumstempo der Volkswirtschaft beim

[198] § 13 Benutzungsanordnung.

[199] *Ott*, Recht der Elektrizitätswirtschaft 1991, 151.

umfassenden Aufbau des Sozialismus" beschwor und den Programmsatz formulierte: „Die internationalen Erfahrungen und Erkenntnisse, vor allem der Sowjetunion, sind entsprechend den Bedingungen der Deutschen Demokratischen Republik systematisch auszuwerten und anzuwenden." Die Energiewirtschaftsverordnung hob zwar die §§ 1 und 11 der Beschränkungsanordnung auf[201], nicht jedoch die Folgekostenregelung in § 12 der Beschränkungsanordnung.

Die Benutzung von Grundstücken für Zwecke der Energieversorgung war in den §§ 25 ff. Energiewirtschaftsverordnung geregelt. Die zentralen Bestimmungen lauten:

§ 25

Duldungspflicht der Eigentümer und sonstigen Nutzungsberechtigten von Grundstücken

(1) Zur Sicherung der Versorgung der Wirtschaft und Bevölkerung mit Elektroenergie, Gas und Fernwärme (öffentliche Energieversorgung) sind Eigentümer und sonstige Nutzungsberechtigte von Grundstücken verpflichtet, die Errichtung, Unterhaltung, Änderung und Beseitigung von Fortleitungs- und Verteilungsanlagen sowie von kleineren Umspann-, Regler- und Umformeranlagen bis zu einer Flächengröße von 50 m^2 (nachfolgend kurz Energiefortleitungsanlagen genannt) auf ihren Grundstücken zu dulden. Unberührt bleibt die Verpflichtung des Abnehmers von Elektroenergie, Gas und Wärme nach den Lieferbedingungen für die Zwecke der örtlichen Versorgung die Zu- und Fortleitung von Energie sowie die Anbringungen von Leitungsträgern und Zubehör über und durch ein Grundstück unentgeltlich zu gestatten und den Betrieb der Anlagen nicht zu beeinträchtigen.

(2) Zur Durchführung dieser Maßnahmen einschließlich der notwendigen Trassierungs- und Projektierungsarbeiten sind die Mitarbeiter der volkseigenen Energiebetriebe und die Mitarbeiter der diese Arbeiten durchführenden Betriebe und Institutionen befugt, die Grundstücke zu betreten und, falls erforderlich, zu befahren.

§ 28

Berührung von Energiefortleitungsanlagen mit anderen Versorgungsleitungen und sonstigen Anlagen

(1) Bei der Berührung (Näherung, Kreuzung und Benutzung) von Energiefortleitungs- und -verteilungsanlagen mit anderen Versorgungsanlagen, Fernmeldeanlagen sowie Anlagen des Verkehrswesen sind bei allen Anlagen der sichere Betrieb und die Möglichkeit der ordnungsgemäßen Unterhaltung zu gewährleisten.

(2) Die Bestimmungen, die bei der Berührung von Energiefortleitungs- und -verteilungsanlagen gemäß Abs. 1 zu beachten sind, werden – soweit hierfür nicht Standards bestehen – vom Volkswirtschaftsrat und den zuständigen zentralen staatlichen Organen erlassen.

...

[200] GBl. II Nr. 46 S. 318.

[201] § 35 Abs. 1 Nr. 6 Energiewirtschaftsverordnung.

Die Energiewirtschaftsverordnung und die noch geltenden Bestimmungen der Benutzungsanordnung wurden durch die *Verordnung über die Planung und Leitung der Energiewirtschaft sowie die rationelle Energieanwendung und -umwandlung – Energieverordnung* – vom 10. September 1969[202] aufgehoben.

Abschnitt VII regelte die Benutzung von Grundstücken für Zwecke der Energieversorgung[203]. Die Vorschriften dieses Abschnitts lauten:

§ 48

(1) Zur Sicherung der Energieversorgung der Volkswirtschaft und der Bevölkerung werden Bodenflächen, Gebäude und Anlagen für Energiefortleitungsanlagen (einschließlich der Anlagen zur Umspannung, Umformung und Schaltung bis zu einer Flächengröße von $50m^2$) genutzt. Das Einhalten von Nutzungsbedingungen und das Einräumen der Mitbenutzung sind zwischen den Beteiligten vertraglich und, soweit in Rechtsvorschriften nichts anderes bestimmt ist, gegen Entgelt festzulegen.

(2) Zur Vorbereitung und Durchführung der Errichtung, Instandhaltung, Änderung und Beseitigung von Energiefortleitungsanlagen, die der Energieversorgung der Volkswirtschaft und der Bevölkerung dienen, ist der Energieversorgungsbetrieb berechtigt, die erforderlichen Maßnahmen zu treffen. Dazu gehört auch das Betreten und Befahren von Grundstücken. Wird durch die Maßnahme die Nutzung von Bodenflächen, Gebäuden und Anlagen beschränkt, so gilt Abs. 1.

(3) Auf den Vertrag gemäß Abs. 1 sind die §§ 12, 13 und 20 Abs. 1 der Ersten Durchführungsverordnung vom 12. Mai 1969 zum Berggesetz der Deutschen Demokratischen Republik (GBl. II S. 257) entsprechend anzuwenden.

(4) Der Energieversorgungsbetrieb hat Maßnahmen gemäß Abs. 2 dem Nutzer rechtzeitig schriftlich anzukündigen. Wenn das sofortige Handeln geboten ist, um Unfälle oder um Störungen der Energieversorgung zu verhüten oder eingetretene Störungen zu beseitigen, kann anstelle der Ankündigung eine Information über die getroffenen Maßnahmen gegeben werden.

(5) Kommt kein Vertrag gemäß Abs. 1 zustande, können die Nutzungsrechte an Bodenflächen, Gebäuden und Anlagen durch den Rat des Kreises beschränkt werden. Auf das Verfahren sind die §§ 15 bis 18, §§ 19 Abs. 2 und 20 Abs. 2 sowie § 21 der Ersten Durchführungsverordnung zum Berggesetz der Deutschen Demokratischen Republik entsprechend anzuwenden.

(6) Spezifische Regelungen, die durch die Benutzung der Grundstücke für Energiefortleitungsanlagen gemäß Abs. 1 notwendig sind, sind als Durchführungsbestimmungen zur Energieverordnung zu erlassen.

(7) Für die Benutzung von Grundstücken für andere als die im Abs. 1 genannten Zwecke der Energieversorgung gelten die allgemeinen Rechtsvorschriften.

---

[202] GBl. II Nr. 81 S. 495.

[203] Begriffsbestimmungen finden sich in der Ersten Durchführungsbestimmung zur Energieverordnung vom 10.9.1969 (GBl. II Nr. 81 S. 505).

§ 49

Beantragt der Nutzer, eine über das Grundstück führende Energiefortleitungsanlage zu verlegen, so hat er alle Verlegungskosten zu tragen, wenn der Energieversorgungsbetrieb dem Antrag entspricht.

...

§ 51

Dem Energieversorgungsbetrieb werden im Hinblick auf die §§ 48 bis 50 volkseigene Betriebe gleichgestellt, soweit sie Anlagen errichten, instand halten, ändern oder beseitigen, die ganz oder teilweise zur Energieversorgung der Volkswirtschaft und der Bevölkerung dienen.

Damit war die Konzeption der gesetzlich begründeten Duldungspflicht durch die der vertraglich begründeten Mitbenutzungsverhältnisse ersetzt worden.

Die Einzelheiten regelte die *Fünfte Durchführungsbestimmung zur Energieverordnung* vom 11. März 1971[204]. Zu § 48 Abs. 1 der Energieverordnung heißt es dort u.a.:

§ 4

(1) Die Benutzung der Bodenflächen, Gebäude und Anlagen für Freileitungen, Kabel und Rohrleitungen sowie für sonstige Energiefortleitungsanlagen ist dauernde Mitnutzung oder, wenn eine Energiefortleitungsanlage nur zur vorübergehenden Nutzung errichtet ist, zeitlich begrenzte Mitnutzung.

(2) Über die Mitnutzung von Bodenflächen, Gebäuden und Anlagen für Zwecke der örtlichen Energieversorgung im Sinne der Rechtsvorschriften über die Lieferung und Abnahme von Energie ist der Abschluß eines schriftlichen Vertrages nicht erforderlich. Betrifft die Mitnutzung Bodenflächen sozialistischer Landwirtschaftsbetriebe, ist die Art und Weise der Mitnutzung vertraglich zu vereinbaren.

Bei Fortleitungsanlagen für Zwecke der örtlichen Energieversorgung wurde somit das Mitbenutzungsrecht durch den Energielieferungsvertrag begründet[205].

Die Durchführungsbestimmung zu § 48 Abs. 2 Energieverordnung lautete:

§ 6

(1) Die Maßnahmen der Vorbereitung und Durchführung der Errichtung, Instandhaltung, Änderung und Beseitigung von Energiefortleitungsanlagen, die die Nutzung

---

[204] GBl. II Nr. 39 S. 309.

[205] Insoweit verwies die 5. Durchführungsbestimmung auf § 14 der Lieferanordnung Energie vom 18.11.1969 (GBl. II Nr. 97 S. 604) und § 10 der Anordnung vom 31.1.1961 über die Bedingungen für die Lieferung von Elektroenergie und Gas an Haushaltsabnehmer und sonstige private Abnehmer (GBl. II Nr. 15 S. 69).

von Grundstücken beschränken, sind zeitlich begrenzte Mitnutzungen. Sie sind vertraglich zu vereinbaren.

(2) Die Vereinbarung über die Mitnutzung für Energiefortleitungsanlagen soll gleichzeitig alle erforderlichen Regelungen für die Maßnahmen der Errichtung sowie der künftigen Instandhaltung, Änderung und Beseitigung treffen. Diese Maßnahmen bedürfen keiner schriftlichen Vereinbarung, wenn der Abschluß eines schriftlichen Vertrages über die Mitnutzung gemäß § 4 Abs. 2 nicht erforderlich ist.

Besonders ausführlich waren die Durchführungsbestimmungen zur Entgeltsregelung des § 48 Abs. 3 Energieverordnung:

§ 7

(1) Das Entgelt für Nutzungsbeschränkungen und für Beeinträchtigungen durch Maßnahmen gemäß § 48 Abs. 2 der Energieverordnung in Verträgen mit Nutzern, die dem Geltungsbereich der Bodennutzungsverordnung unterliegen, ist gemäß der Bodennutzungsverordnung und der Ersten Durchführungsbestimmung vom 28. Mai 1968 zur Bodennutzungsverordnung – Ausgleich der Wirtschaftserschwernisse – (GBl. II S. 295; Ber. 918) festzusetzen.

(2) Das Entgelt für Nutzungsbeschränkungen und für Beeinträchtigungen durch Maßnahmen gemäß § 48 Abs. 2 der Energieverordnung in Verträgen mit Nutzern, die nicht dem Geltungsbereich der Bodennutzungsverordnung unterliegen, ist gemäß den §§ 8 bis 11 festzusetzen.

§ 8

(1) Bei Mitnutzung gemäß § 4 Abs. 1 ist das Entgelt zu ermitteln

1. für landwirtschaftlich und gärtnerisch genutzte Bodenflächen
   a) in entsprechender Anwendung der Anlage 1 zur Ersten Durchführungsbestimmung zur Bodennutzungsverordnung hinsichtlich Freileitungsmasten,
   b) gemäß der Anlage zu dieser Durchführungsbestimmung hinsichtlich der Umspann-, Gasschieber-, Gasregler-, Gassonden- und Gasmeßanlagen;
2. für forstwirtschaftlich genutzte Bodenflächen in entsprechender Anwendung des § 41 der Ersten Durchführungsbestimmung zur Bodennutzungsverordnung.

(2) Die Entgeltsätze des Abs. 1 sind Höchstsätze. Unterschreiten die tatsächlichen die mit dem Entgelt ausgleichbaren Beeinträchtigungen wesentlich, so ist das Entgelt nach dem Umfang der nachgewiesenen Beeinträchtigungen zu bemessen. ...

Mit den Folgekosten beschäftigten sich die Durchführungsbestimmungen zu § 49 der Energieverordnung:

§ 15

(1) Der Energieversorgungsbetrieb soll dem Antrag entsprechen, wenn dem Nutzer dadurch eine wesentlich effektivere Nutzung des Grundstücks ermöglicht wird und die für den Energieversorgungsbetrieb entstehenden Nachteile demgegenüber gering sind und der Verlegung keine volkswirtschaftlichen Gründe entgegenstehen.

(2) Bei Verlegung auf Antrag eines Bürgers als Nutzer persönlichen Eigentums kann der Energieversorgungsbetrieb, wenn ein Härtefall vorliegt, teilweise oder ganz

auf Kostenerstattung verzichten. Ist der Verlegungsantrag mit dem Gesuch nach Kostenverzicht gestellt, hat der Energieversorgungsbetrieb die Entscheidung über den Kostenverzicht dem Bürger zuzustellen.

(3) Der Bürger, dessen Gesuch nach Kostenverzicht nicht oder nicht vollständig entsprochen wurde, kann innerhalb einer Frist von 14 Tagen den Verlegungsantrag zurücknehmen, ohne dem Energieversorgungsunternehmen Aufwendungsersatz leisten zu müssen.

§ 16

Die in den Rechtsvorschriften über die Lieferung und Abnahme von Energie enthaltenen Regelungen für Anschlußbahnen bleiben unberührt.

§ 17

(1) Die Verlegungskosten, die von Bürgern, von nichtstaatlichen Betrieben, Institutionen und Einrichtungen sowie von gesellschaftlichen Organisationen zu erstatten sind, umfassen den Aufwand für

1. die Errichtung des neuen Fortleitungsteiles und die Einbindung in die bestehende Energiefortleitungsanlage,
2. die Beseitigung des alten Fortleitungsteiles.

Die gewonnenen wieder verwendungsfähigen Anlagenteile sind mit dem Zeitwert von dem zu erstattenden Betrag abzusetzen.

(2) Staatsorgane, volkseigene Kombinate und Betriebe sowie staatliche Institutionen und Einrichtungen haben dem Energieversorgungsbetrieb den Aufwand für die Beseitigung des alten Fortleitungsteiles und gegebenenfalls den zusätzlichen Aufwand, der infolge der Verlegung entsteht, zu erstatten. Sie haben die zu beseitigenden Teile zum buchmäßigen Nettowert zu kaufen, wenn bei der Beseitigung des alten Fortleitungsteiles Anlagenteile anfallen, die der Energieversorgungsbetrieb nicht wieder verwenden kann.

Die *Verordnung über die Energiewirtschaft in der Deutschen Demokratischen Republik – Energieverordnung* – vom 9. September 1976[206] erweiterte die Mitbenutzungsrechte der zum 1. Januar 1977 (einschließlich der Durchführungsbestimmungen) ersetzten Energieverordnung von 1969. Abschnitt 7 der Energieverordnung von 1976 betraf die Benutzung von Grundstücken.

§ 28

(1) Der Energieversorgungsbetrieb ist berechtigt, Grundstücke dauernd oder vorübergehend für Anlagen zum Leitungstransport, zur Umspannung, Umformung, Regelung, Schaltung, Speicherung und Verdichtung von Elektroenergie, Gas und Wärmeenergie (Energiefortleitungsanlagen) mitzubenutzen. Das Recht zur dauernden Mitbenutzung für Anlagen, die nicht dem Leitungstransport dienen, besteht nur, wenn je Einzelanlage < 60 m^2 Fläche erforderlich ist.

(2) Die Mitbenutzung ist grundsätzlich zu vereinbaren, und zwar bei dauernder Mitbenutzung mit dem Eigentümer bzw. Rechtsträger des Grundstücks oder, soweit

[206] GBl. I Nr. 38 S. 441.

am Grundstück ein genossenschaftliches Bodennutzungsrecht besteht, mit der Genossenschaft, bei vorübergehender Mitbenutzung mit dem Nutzungsberechtigten. Der Partner der Vereinbarung, dessen Rechte durch die Mitbenutzung wesentlich beeinträchtigt werden, kann vom Energieversorgungsbetrieb eine angemessene Entschädigung verlangen.

(3) Bei dauernder Mitbenutzung kann der Nutzungsberechtigte das Vertragsverhältnis mit dem Eigentümer bzw. Rechtsträger des Grundstücks fristlos kündigen oder, wenn die bestimmungsmäßige Nutzung des Grundstücks mindestens teilweise fortgesetzt werden kann, verlangen, daß das Vertragsverhältnis verlängert wird.

(4) Das Mitbenutzungsrecht geht auf den jeweiligen Rechtsnachfolger des Energieversorgungsbetriebes über. Es verpflichtet den jeweiligen Eigentümer bzw. Rechtsträger des Grundstücks und, auch bei dauernder Mitbenutzung, den jeweiligen Nutzungsberechtigten; eine nochmalige Entschädigung wird nicht gewährt.

§ 29

(1) Kommt die Vereinbarung über das Mitbenutzungsrecht nicht zustande, kann das Mitbenutzungsrecht auf Antrag des Energieversorgungsbetriebes durch Entscheidung des zuständigen Rates des Kreises begründet werden.

(2) Der Rat des Kreises hat vor der Entscheidung die Betroffenen anzuhören und die Stellungnahme des zuständigen Rates der Stadt bzw. Gemeinde einzuholen.

(3) Der Rat des Kreises hat erforderlichenfalls zugleich über die Art und die Höhe der Entschädigung zu entscheiden. Sie richtet sich nach den allgemeinen Rechtsvorschriften über Entschädigung.

(4) Die Absätze 1 bis 3 sind entsprechend anzuwenden, wenn sich Eigentümer bzw. Rechtsträger des Grundstücks und Nutzungsberechtigte über die Änderung des Vertragsverhältnisses nicht einigen. Den Antrag hat der Nutzungsberechtigte zu stellen.

§ 30

(1) Der Nutzungsberechtigte des Grundstücks ist verpflichtet, nach Begründung des Mitbenutzungsrechts seine Rechte so auszuüben, daß der sichere Betrieb und die Instandhaltung der Energiefortleitungsanlagen jederzeit, die Errichtung, Änderung und Beseitigung der Energiefortleitungsanlagen während des vereinbarten Zeitraums möglich sind und daß die dafür geltenden Sicherheitsbestimmungen eingehalten werden.

(2) Der Nutzungsberechtigte ist insbesondere verpflichtet,

...

Die Folgenkostenregelung traf § 31 Energieverordnung.

§ 31

(1) Auf Antrag des Nutzungsberechtigten oder des Eigentümers bzw. Rechtsträgers des betreffenden Grundstücks kann eine bestehende Energiefortleitungsanlage verlegt werden. Darüber entscheidet der Energieversorgungsbetrieb.

(2) Einem Verlegungsantrag soll stattgegeben werden, wenn die öffentliche Energieversorgung nicht beeinträchtigt werden würde und

1. das Grundstück nach der Verlegung wesentlich effektiver genützt werden könnte;

2. die dem Energieversorgungsbetrieb und Dritten aus der Verlegung entstehenden Nachteile verhältnismäßig gering wären;
3. die Verlegung im Rahmen der laufenden Pläne des Energieversorgungsbetriebes ausgeführt werden könnte.

(3) Der Antragsteller hat grundsätzlich alle durch die Verlegung entstandenen Aufwendungen zu tragen.

(4) Die Absätze 1 bis 3 sind auf die vorübergehende Verlegung, namentlich wegen Baumaßnahmen, und auf sonstige Veränderungen bestehender Energiefortleitungsanlagen, soweit nicht der § 8 Absätze 1 bis 3 zutrifft, entsprechend anzuwenden.

Konkretisiert wurde die Energieverordnung durch die *Fünfte Durchführungsbestimmung zur Energieverordnung – Grundstücksbenutzung* – vom 10. September 1976[207]. Zu § 28 Energieverordnung 1976 hieß es u.a.

§ 1

(1) Das Recht zur dauernden Mitbenutzung besteht in bezug auf die Energiefortleitungsanlagen.

(2) Die dauernde Mitbenutzung bedarf grundsätzlich einer schriftlichen Vereinbarung; bei stützungsfreiem Überspannen eines Grundstücks mit Elektroenergiefreileitungen genügt die mündliche Vereinbarung.

(3) Mit dem Abschluß eines Elektroenergie- bzw. Gasliefervertrages gilt als vereinbart, daß der Energieversorgungsbetrieb das an das öffentliche Verkehrsnetz angeschlossene Grundstück in bezug auf Anlagen des Leitungstransports von Elektroenergie und Gas zur örtlichen Versorgung dauernd mitbenutzen darf; das schließt das Recht ein, an Bauwerken Leitungsträger mit Zubehör anzubringen. Die Wirkung tritt auch gegenüber den Eigentümer bzw. Rechtsträger des Grundstücks, der nicht Partner des Vertrages ist, ein.

...

Bedeutsam waren insbesondere die Bestimmungen zu § 31 Abs. 3 und 4 Energieverordnung 1976.

§ 9

(1) Ist das betreffende Grundstück persönliches Eigentum, kann der Energieversorgungsbetrieb auf Erstattung seiner Aufwendungen teilweise oder ganz verrichten, wenn ein Härtefall vorliegt. Ein Härtefall ist stets anzunehmen, wenn die Verlegung vorübergehend wegen notwendiger Instandsetzungsmaßnahmen am Grundstück stattfindet.

(2) Ist im Verlegungsantrag ersucht, auf Erstattung der Aufwendungen zu verzichten, hat der Energieversorgungsbetrieb die Entscheidung über den Verlegungsantrag und das Ersuchen dem Antragsteller zuzustellen.

(3) Wurde auf Erstattung der Aufwendungen vom Energieversorgungsbetrieb nicht vollständig verzichtet, kann der Verlegungsantrag innerhalb einer Frist von 2 Wochen nach der Zustellung der Entscheidung zurückgenommen werden, ohne daß dem Energieversorgungsbetrieb Aufwendungen der Vorbereitung der Verlegung erstattet wer-

---

[207] GBl. I Nr. 38 S. 461.

den müssen. Bei späterer Rücknahme des Verlegungsantrages sind die tatsächlich entstandenen Aufwendungen zu ersetzten.

(4) Bürger haben dem Energieversorgungsbetrieb die Aufwendungen zu erstatten für

1. die Errichtung des neuen Teiles der Energiefortleitungsanlage und die Einbindung in die bestehende Anlage;
2. die Beseitigung des ersetzten alten Teiles der Energiefortleitungsanlage;
3. die Entschädigung Dritter für Mitbenutzung von Grundstücken.

§ 10

(1) Staatsorgane, wirtschaftsleitende Organe, volkseigene Betriebe und staatliche Einrichtungen haben dem Energieversorgungsbetrieb die Aufwendungen zu erstatten für

1. die Beseitigung des ersetzten alten Teiles der Energiefortleitungsanlage;
2. die Entschädigung Dritter für Mitbenutzung von Grundstücken;
3. die Errichtung des neuen Teiles der Energiefortleitungsanlage auf verlängerter Trasse;
4. die Einbindung des neuen Teiles der Energiefortleitungsanlage in die bestehende Anlage.

Für andere Betriebe und Einrichtungen, für Genossenschaften und gesellschaftliche Organisationen ist der § 9 Abs. 4 entsprechend anzuwenden.

(2) Der Antragsteller hat dem Energieversorgungsbetrieb den Nettowert der zu beseitigenden Teile der Energiefortleitungsanlage zu erstatten, wenn der Energieversorgungsbetrieb die Teile weder bestimmungsgemäß wiederverwenden noch zum Nettowert verkaufen kann.

§ 11

(1) Zu den sonstigen Veränderungen bestehender Energiefortleitungsanlagen gehören insbesondere Änderungen in der Art der Anschlußanlage (Freileitung, Kabelleitung, Unterflur-, Flur-, Sockel-, Stelzenleitung u.a.).

(2) Sonstige Veränderungen sind nicht Erweiterungen der Übertragungsmöglichkeit von Anschlußanlagen zur Deckung des steigenden Bedarfs der Energieabnehmer.

Die Regelungen von Abschnitt 7 der Energieverordnung von 1976 wurden nahezu wortgleich ebenfalls in Abschnitt 7 der *Verordnung über die Energiewirtschaft in der Deutschen Demokratischen Republik – Energieverordnung –* vom 30. Oktober 1980[208] übernommen. Geändert hatte sich wegen der Einfügung von Kontrollrechten der operativen Leitungsorgane in § 28 lediglich die Paragraphenfolge. Dem alten § 28 entsprach nunmehr § 29. Ersetzt wurde lediglich der Begriff des „Energieversorgungsbetriebs" durch den des „Energiekombinats". Entsprechendes gilt für die Durchführungsbestimmungen[209].

---

[208] GBl. I Nr. 33 S. 321.

[209] Erste Durchführungsbestimmung zur Energieverordnung – Leitung / Planung / Plandurchführung – vom 10.11.1980 (GBl. I Nr. 33 S. 330); Fünfte Durchführungsbestimmung zur Energieverordnung – Grundstücksbenutzung – vom 10.11.1980 (GBl. I Nr. 33 S. 336).

Die Energieverordnung von 1980 und die Durchführungsbestimmungen wurden durch § 78 der bereits erwähnten *Energieverordnung* vom 1. Juni 1988[210] aufgehoben, die in der Folgezeit noch durch die Verordnung über die Änderung oder Aufhebung von Rechtsvorschriften vom 28. Juni 1990[211] sowie durch die Verordnung zur Änderung der Energieverordnung vom 25. Juli 1990[212] geändert wurde. Die Energieverordnung 1988 liegt der Übergangsregelung des Einigungsvertrags zugrunde.

Die Folgekostenansprüche der Energieverordnung 1988 beruhten ebenfalls auf einem Mitbenutzungsrecht des Energieversorgungsunternehmens. Hierzu gab es in der Energieverordnung 1988 zwei Rechtsgrundlagen, nämlich § 29 und § 48 EnVO.

Teil 2 der Energieverordnung 1988 trägt die Überschrift *„Bevölkerung"*. Abschnitt 1 (§§ 15 bis 24) behandelt die Versorgung der Bevölkerung mit Energieträgern, Abschnitt 2 (§§ 25 bis 28) den Schutz von Personen und Energieträgern, Abschnitt 3 (§§ 29 bis 32) schließlich befaßt sich mit der „Mitnutzung von Grundstücken".

Die einzelnen Vorschriften lauten:

§ 29

(1) Das Energiekombinat ist berechtigt, Grundstücke und Bauwerke dauernd und zeitweilig für Energieforleitungsanlagen mitzunutzen und die Einhaltung von Nutzungsbedingungen auf benachbarten Grundstücken zu verlangen. Das Recht des Energiekombinats zur dauernden Mitnutzung besteht nur, wenn für eine Energiefortleitungsanlage < 60 m^2 Fläche benötigt werden. Werden Energiefortleitungsanlagen unterirdisch in die Erde oder werden Elektroenergie-Freileitungen gelegt, ist die dauernde Mitbenutzung einer Fläche > 60 m^2 zulässig.

(2) Das Recht des Energiekombinats auf Mitnutzung verpflichtet den jeweiligen Eigentümer sowie Nutzungsberechtigten. Es geht auf den jeweiligen Rechtsnachfolger des Energiekombinats über.

(3) Bei dauernder Mitnutzung durch das Energiekombinat kann der Nutzungsberechtigte des Grundstücks oder des Bauwerks das Vertragsverhältnis mit dem Rechtsträger, Eigentümer oder Verfügungsberechtigten fristlos kündigen oder, wenn die bestimmungsgemäße Nutzung mindestens teilweise fortgesetzt werden kann, verlangen, daß das Vertragsverhältnis entsprechend verlängert wird.

(4) Für die Mitnutzung von Grundstücken und Bauwerken und die Einhaltung von Nutzungsbedingungen auf benachbarten Grundstücken ist im übrigen das Baulandgesetz vom 15. Juni 1984 (GBl. I Nr. 17 S. 201) entsprechend anzuwenden. Der § 30 bleibt unberührt.

---

[210] Oben mit Fußn. 14.

[211] GBl. I Nr. 10 S. 89.

[212] GBl. I Nr. 46 S. 812.

§ 30

(1) Der Nutzungsberechtigte des Grundstücks oder Bauwerks ist verpflichtet, nach Begründung des Mitnutzungsrechts für das Energiekombinat seine Rechte so auszuüben ...

(2) Der Nutzungsberechtigte des Grundstücks oder Bauwerks ist insbesondere verpflichtet,

1. die festgelegten Abstände von Aufwuchs, Bauwerken und sonstigen Gegenständen zu Leitungstransportanlagen einzuhalten,
2. Anpflanzungen in einem bestimmten Abstand zur Achse der Leitungstransportanlagen zu unterlassen und Aufwuchs zu beseitigen, soweit er diese Anlagen stören oder gefährden kann, und
3. dem Energiekombinat zu gestatten, die erforderlichen Sicherungsvorkehrungen zu treffen.

Arbeiten, die den Ausführenden oder die Energiefortleitungsanlagen gefährden könnten, sind vorher mit dem Energiekombinat zeitlich abzustimmen.

(3) Erfüllt der Nutzungsberechtigte des Grundstücks oder Bauwerks seine Pflichten aus den Absätzen 1 und 2 nicht, ist er mit Fristsetzung durch das Energiekombinat schriftlich zu ermahnen. Das Energiekombinat ist berechtigt, die erforderlichen Arbeiten auszuführen oder ausführen zu lassen und die Erstattung der daraus entstehenden Kosten vom Nutzungsberechtigten des Grundstücks oder Bauwerks zu verlangen, wenn Gefahr im Verzuge ist oder wenn er die Arbeiten trotz Ermahnung nicht ausgeführt hat.

(4) Die Absätze 1 bis 3 gelten entsprechend, wenn die Pflicht zur Einhaltung von Nutzungsbedingungen begründet wurde.

(5) Nutzungsberechtigter ist auch der Eigentümer, der das Grundstück oder Bauwerk selbst nutzt.

§ 31

(1) Eine bestehende Energiefortleitungsanlage kann auf schriftlichen Antrag des Eigentümers des Grundstücks oder Bauwerks für dauernd verlegt werden. Darüber entscheidet das Energiekombinat schriftlich.

(2) Einem Verlegungsantrag soll stattgegeben werden, wenn die öffentliche Energieversorgung nicht beeinträchtigt werden würde und

- das Grundstück oder Bauwerk nach der Verlegung wesentlich effektiver genutzt werden könnte,
- die dem Energiekombinat und Dritten aus der Verlegung entstehenden Nachteile verhältnismäßig gering wären,
- die Verlegung im Rahmen der Pläne des Energiekombinats ausgeführt werden könnte.

(3) Der Antragsteller hat grundsätzlich alle durch die Verlegung entstehenden Aufwendungen zu tragen. Ausnahmen können in Rechtsvorschriften zugelassen werden.

(4) Die Absätze 1 und 2 sind auf die vorübergehende Verlegung insbesondere wegen Baumaßnahmen, und auf sonstige Veränderungen bestehender Energiefortleitungsanlagen mit der Maßgabe, daß auch der Nutzungsberechtigte den Antrag stellen kann, entsprechend anzuwenden. Der Antragsteller hat alle durch die vorübergehende Verlegung entstehenden Aufwendungen zu tragen; Ausnahmen können in Rechtsvorschriften zugelassen werden.

§ 32

Die Rechte eines Energiekombinats und die Rechtsfolgen gemäß den §§ 29 bis 31 finden entsprechende Anwendung auf

- Betreiber von Verbundnetzen;
- Betreiber von nichtöffentlichen Versorgungsnetzen oder anderen nichtöffentlichen Energiefortleitungsanlagen, die staatliche Aufgaben und staatliche Planauflagen erhalten und aus deren Anlagen Abnehmer der Volkswirtschaft oder der Bevölkerung mitversorgt werden.

Der der *„Volkswirtschaft"* gewidmete Teil 3 der Energieverordnung 1988 enthält einen eigenen 3. Abschnitt über die „Mitnutzung von Grundstücken". Der Abschnitt besteht allerdings lediglich aus § 48 EnVO. Die Vorschrift lautete in der ursprünglichen Fassung:

§ 48

(1) Das Recht des Energiekombinats zur dauernden Mitnutzung besteht, wenn für eine Energiefortleitungsanlage < $60m^2$ Fläche benötigt werden; die Flächenbegrenzung gilt nicht bei Anlagen zum Leitungstransport von leitungsgebundenen Energieträgern in freiem, unbebautem Gelände. Im übrigen sind die §§ 29, 30 und 32 entsprechend anzuwenden.

(2) Einem Antrag, eine bereits gelegte Energiefortleitungsanlage für dauernd zu verlegen, ist zu entsprechen, wenn anders ein Investitionsvorhaben nicht ausführbar wäre, die öffentliche Energieversorgung aber trotz der Verlegung mit volkswirtschaftlich vertretbaren Aufwendungen gesichert werden kann. Der Antragsteller hat entsprechend den Rechtsvorschriften über die Folgeinvestitionen die für die Verlegung erforderlichen materiellen Fonds bereitzustellen und die finanziellen Aufwendungen zu tragen. Ist der Antragsteller privater Handwerker oder Gewerbetreibender oder gesellschaftliche Organisation oder Vereinigung, gilt § 31 Abs. 3 entsprechend. Im übrigen gilt § 31 Absätze 1, 2 und 4 entsprechend.

Durch die Verordnung über die Änderung oder Aufhebung von Rechtsvorschriften vom 28. Juni 1990 erhielt Abs. 2 folgende Fassung:

(2) Einem Antrag, eine bereits gelegte Energiefortleitungsanlage für dauernd zu verlegen, ist zu entsprechen, wenn anders ein Investitionsvorhaben nicht ausführbar wäre, die öffentliche Energieversorgung aber trotz der Verlegung mit volkswirtschaftlich vertretbaren Aufwendungen gesichert werden kann. Im übrigen ist der § 31 entsprechend anzuwenden.

Für beide Formen der Mitbenutzungsrechte galt die Übergangsregelung des § 69 Energieverordnung 1988:

(4) Die Rechte des Energiekombinats zur Mitbenutzung von Grundstücken und Bauwerken für Energiefortleitungsanlagen und zur Einhaltung von Nutzungsbedingungen auf Grundstücken und an Bauwerken sowie die dem entsprechenden Pflichten der Rechtsträger, Eigentümer, Verfügungsberechtigten und Nutzungsberechtigten, die auf Grund vorher geltender Rechtsvorschriften begründet wurden, bleiben bestehen und unterliegen nunmehr den Vorschriften dieser Verordnung.

Die Mitnutzungsrechte der Energiekombinate bzw. Energieversorgungsunternehmen setzen sich somit im Falle der Verlegung von Energiefortleitungsanlagen in Folgekostenansprüchen fort. *Anspruchsgrundlage* für die Folgekosten bei mitgenutzten Grundstücken und Bauwerken privater Nutzungsberechtigter war § 31 Abs. 3 Satz 1 EnVO. Danach war Voraussetzung des Anspruchs ein Antrag des Eigentümers des mitgenutzen Grundstücks oder Bauwerks auf Verlegung der Energiefortleitungsanlage gemäß § 31 Abs. 1 EnVO. Die Verlegung erfolgte also *auf Veranlassung und im Interesse des privaten Nutzungsberechtigten*, dem deshalb die Verlegungskosten auferlegt wurden.

Anspruchsgrundlage für die Verlegung von Energiefortleitungsanlagen bei Grundstücken und Bauwerken, die der gesamten Volkswirtschaft zur Verfügung standen, war zunächst § 48 Abs. 2 Sätze 2, 3 und 4 EnVO in der Fassung von 1988. Hiernach wurden unterschieden einerseits Staatsorgane und Betriebe[213] und andererseits gesellschaftliche Organisationen und Vereine sowie Bürger[214]. Für die erste Gruppe der Antragsteller galt, daß die Verlegungskosten in einem Fonds auf der Grundlage der Folgeinvestitionsverordnung bereitzustellen und die Aufwendungen zu tragen waren. Für die zweite Gruppe verwies § 48 Abs. 2 Satz 3 EnVO auf § 31 Abs. 3 EnVO. Damit war lediglich teilweise die Parallele zu den privaten Veranlassern von Verlegungen bei privatgenutzten Grundstücken hergestellt. Seit durch die Änderungsverordnung von 1990 § 31 EnVO generell für anwendbar erklärt war, galt indessen einheitlich das *Veranlasserprinzip*.

Da die Folgekostenansprüche auf dem Mitnutzungsrecht beruhten, setzten sie voraus, daß dieses Recht auch begründet worden war. Das Recht auf dauernde und zeitweilige Mitbenutzung nach § 29 Abs. 1 EnVO war rechtlich gesehen ein *Anspruch auf Einräumung des Mitbenutzungsrechts*[215]. Die Begründung des Mitbenutzungsrechts ergab sich im allgemeinen Anwendungsbereich des Abschnitts 3 der Energieverordnung aus § 29 Abs. 4 EnVO. Erforderlich war danach, daß ein Mitbenutzungsrecht zwischen dem Energieversorgungsunternehmen und dem Nutzungsberechtigten des Grundstücks *vereinbart* oder durch Beschluß des zuständigen Rates des Kreises angeordnet worden war[216]. Diese Grundsätze galten seit 1969 und ähnlich vor 1954.

---

[213] § 2 Abs. 1 1. und 2. Spiegelstrich EnVO.

[214] § 2 Abs. 1 3. und 4. Spiegelstrich EnVO.

[215] *Ott*, Recht der Elektrizitätswirtschaft 1991, 153.

[216] § 29 Abs. 4 EnVO i.V.m. § 11 Baulandgesetz („Über den Rechtsträgerwechsel oder die Übertragung des Eigentumsrechts an einem als Bauland benötigten Grundstück ist zwischen dem Bauauftraggeber – für die Errichtung von Eigenheimen dem Rat der Stadt, des Stadtbezirks oder der Gemeinde – und dem Rechtsträger, Eigentümer oder Verfügungsberechtigten entsprechend den dafür geltenden Rechtsvorschriften ein Vertrag abzuschließen."); § 28 Abs. 2, § 29 Abs. 1 EnVO 1976; § 48 Abs. 1 und 4 EnVO 1969; vgl. auch *Bönninger/Knobloch*, Das Recht der öffentlichen Straßen, S. 69.

In der Zwischenphase wurden die Mitbenutzungsrechte *unmittelbar kraft Gesetzes* begründet. Ob das *generell* für Grundstücke der Volkswirtschaft galt, erscheint fraglich. § 48 EnVO 1988 enthält zwar keine ausdrückliche Regelung über die Begründung des Mitbenutzungsverhältnisses, verweist aber in Abs. 1 Satz 2 generell auf § 29 EnVO. Man könnte daher durchaus die Ansicht vertreten, daß § 48 EnVO ähnlich wie die §§ 29 Abs. 1–3, 30, 31 EnVO lediglich Inhalt und Umfang bestehender Mitbenutzungsrechte regelte[217], nicht aber deren Begründung. Dennoch ist zweifelhaft, ob der Verweis in § 48 Abs. 1 Satz 2 EnVO auch § 29 Abs. 4 EnVO umfaßt, da § 29 EnVO nur „entsprechend" anzuwenden war[218]. Offenbar bestanden auch bei der Übernahme dieser Vorschrift im Einigungsvertrag Unsicherheiten. Soweit bestehende Mitbenutzungsrechte sich nämlich auf Grundstücke von Städten und Gemeinden bezogen und die Energiefortleitungsanlagen der kommunalen Versorgung dienten, galten sie nur bis zum 31. Dezember 1991 fort[219]. Zweck dieser Übergangsregelung war es, den Aufbau von Stadtwerken zu erleichtern und den Abschluß von Konzessionsverträgen zu ermöglichen[220]. Die Übergangsregelung war vor allem dann geboten, wenn man im Rahmen des § 48 EnVO von *gesetzlich begründeten* Mitbenutzungsrechten ausgeht. § 48 Abs. 1 Satz 2 EnVO kann indessen nicht als Begründungsnorm der Mitbenutzungsrechte verstanden werden, weil andernfalls ein Widerspruch zu § 29 Abs. 1 EnVO entstünde. Die Annahme von gesetzlich begründeten Mitnutzungsrechten führt folglich in ein Auslegungsdilemma. § 48 Abs. 1 Satz 2 EnVO läßt jedoch die – ohnehin plausiblere – Interpretation zu, wonach die Begründung der Mitnutzungsrechte von Einrichtungen der Volkswirtschaft auf anderer und speziellerer Rechtsgrundlage erfolgen konnte als der der Energieverordnung[221]. Auch Ronnacker[222] nimmt eine klare Trennung der Anwendungsbereiche von § 29 und § 48 EnVO vor, gelangt aber zu falschen Schlußfolgerungen, weil er in beiden Fällen von gesetzlichen Mitbenutzungs-

---

[217] *Ott*, Recht der Elektrizitätswirtschaft 1991, 153.

[218] Nach *Gerberding*, Recht der Elektrizitätswirtschaft 1990, 73 war die Mitbenutzung von Grundstücken im Bereich der Bevölkerung „analog geregelt wie im Bereich der Wirtschaft mit dem Zusatz, daß mit dem Abschluß des Elektroenergieliefervertrages als vereinbart gilt, daß das Energiekombinat das an das öffentliche Versorgungsnetz angeschlossene Grundstück oder Bauwerk in bezug auf Anlagen des Leitungstransportes von Elektroenergie (auch für Gas) zur örtlichen Versorgung dauernd mitbenutzen darf". Die §§ 29 ff. EnVO wären demnach leges speciales im Verhältnis zu § 48 EnVO mit der Besonderheit der vertraglichen Begründung der Mitbenutzungsrechte. Den Gesetzeswortlaut stellt diese Auslegung freilich auf den Kopf.

[219] Maßgabe b) S. 2 zur Überleitung der jeweiligen Vorschriften der EnVO.

[220] *Ronnacker*, Zur Rechtslage bei Kreuzungen von Versorgungsleitungen bei öffentlichen Straßen, RdE 1993, 10 ff. (14).

[221] Vgl. *Gerberding*, Recht der Elektrizitätswirtschaft 1990, 73 (allerdings zu § 29 Abs. 1 EnVO): „Dieses Recht wird durch weitere Rechtsnormen untersetzt."

[222] RdE 1993, 10 ff. (13).

rechten spricht, damit aber gesetzlich begründete Mitbenutzungsrechte meint[223]. Somit läßt sich festhalten, daß § 48 Abs. 1 EnVO hinsichtlich der Begründung der Mitbenutzungsrechte *keine abschließende Regelung* traf.

Der *Umfang des Anspruchs* erstreckte sich auf alle durch die Verlegung entstehenden Aufwendungen. Das bedeutet praktisch, daß der Zeitwert der zu beseitigenden Teile der vorhandenen Anlagen und die Herstellungskosten neuer Anlagen unter Durchführung eines Vorteilsausgleichs zu ersetzen waren.

c) Straßenverordnung

Die Straßenverordnung traf in den §§ 13 und 16 Regelungen über die Sondernutzung öffentlicher Straßen durch Versorgungsleitungen bzw. über die Errichtung baulicher Anlagen an öffentlichen Straßen. § 13 trug die Überschrift „Sondernutzungen" und regelte in Absatz 1, 2. Spiegelstrich Nutzungen der öffentlichen Straßen, die nicht im Rahmen des Fahrzeugs- und Fußgängerverkehrs erfolgten, insbesondere die Nutzung öffentlicher Straßen für Versorgungsleitungen. Absatz 3 beschäftigte sich mit der Pflicht zur Folgekostentragung. § 16 betraf die Errichtung und das Anlegen von Gebäuden oder baulichen Anlagen an ausschließlich der öffentlichen Nutzung dienenden Straßen. § 16 Abs. 3 StrVO enthielt ebenfalls eine Folgekostenregelung.

In der sowjetischen Besatzungszone bestand zunächst das Straßenwesen fort, wie es auf der Grundlage des Gesetzes über die einstweilige Neuregelung des Straßenwesens vom 26. März 1934[224] ausgestaltet worden war. Damit blieb es auch bei der dilatorischen Behandlung von § 3 des Neuregelungsgesetzes[225], die der Generalinspektor für das deutsche Straßenwesen vorgegeben hatte[226].

Im Runderlaß Nr. 12/37 des Generalinspektors für das deutsche Straßenwesen betr. die Benutzung von Straßen für Energieanlagen und Was-

---

[223] Hierzu auch unten V.1.c) (S. 103 ff.).

[224] RGBl. I S. 243; ferner Verordnung zur Durchführung des Gesetzes über die einstweilige Neuregelung des Straßenwesens und der Straßenverwaltung vom 7.12.1934 (RGBl. I S. 1237) sowie Verordnung über die Straßenverzeichnisse vom 27.9.1935 (RGBl. I S. 1193).

[225] § 3 Abs. 1: „Die aus dem Eigentum an der Straße sich ergebenden Rechte und Pflichten stehen der Ausübung nach vom Zeitpunkt der Übernahme der Straßenbaulast an dem jeweiligen Träger der Straßenbaulast zu."

[226] Vgl. Vorspruch 3 des Runderlasses Nr. 12/1937 vom 23.3.1937 (RMBliV S. 617): „Die wechselseitigen Beziehungen zwischen Straßeneigentümern und Baulastträgern einerseits und den Unternehmen und Betrieben der Energie- und Wasserwirtschaft können erst im Zuge der allgemeinen Gesetzgebungsmaßnahmen auf dem Gebiete des Wegerechts endgültig und abschließend geordnet werden."

serleitungen vom 23. März 1937[227] hatte es zu den bestehenden – und entsprechend zu den neuen – Leitungen geheißen:

„3. (1) Ist aus Gründen der Verkehrssicherheit oder des Straßenbaues eine Änderung der Leitungen erforderlich, so kann der neue Baulastträger verlangen, daß der Benutzungsberechtigte die erforderlichen Maßnahmen auf eigene Kosten durchführt, soweit nicht die Kostenlast nach bestehenden gesetzlichen Vorschriften oder vertraglichen Abmachungen anders geregelt ist.

(2) Das gleiche gilt für den Fall der Beseitigung der Leitungen; sie soll jedoch nur unter Berücksichtigung aller Gesichtspunkte des öffentlichen Interesses – also auch der Energie- und Wasserwirtschaft – gefordert werden."

Die *Verordnung zur Neuordnung des Straßenwesens – Straßenverordnung* – vom 10. Mai 1951[228] bezweckte die Neueinteilung der Straßen und eine Regelung der Straßenaufsicht. Von der Baulast war nicht mehr die Rede, wohl aber von „operativen Aufgaben" der Straßenverwaltung[229]. Mit den Fortleitungsrechten beschäftigte sich die Straßenverordnung von 1951 jedoch ebensowenig wie die Verordnung über die Neuorganisation des Straßenbaues und der Straßenunterhaltung vom 19. Dezember 1952[230]. Insoweit galt also das Neuregelungsgesetz von 1934 fort.

Die *Verordnung über das Straßenwesen* vom 18. Juli 1957[231] hob das Neuregelungsgesetz nebst den flankierenden Verordnungen und die ersten straßenrechtlichen sowjetzonalen Verordnungen auf. Es enthielt nicht nur Regelungen über die Straßenorganisation, sondern auch über die Straßennutzung. Da die Verordnung nur die Sondernutzung als Straßensondergebrauch kannte, konnten die Fortleitungsrechte ebenfalls nur als Sondernutzung begründet werden.

Die maßgebliche Bestimmung lautete:

§ 6 Sondernutzung

(1) Eine den Gemeingebrauch übersteigende Nutzung der öffentlichen Straßen ist Sondernutzung. Sie ist nur mit vorheriger Zustimmung der Straßenverwaltung zulässig.

(2) …

---

[227] Ebd.

[228] GBl. Nr. 58 S. 422). Hierzu die Erste Durchführungsbestimmung zu der Verordnung zur Neuordnung des Straßenwesens – Straßenverordnung – vom 28.6.1951 (GBl. Nr. 80 S. 652).

[229] § 6 Abs. 1 Straßenverordnung 1951.

[230] GBl. S. 1339.

[231] GBl. Nr. 49 S. 377 i.d.F. der Verordnung über die Neufassung von Regelungen über Rechtsmittel gegen Entscheidungen staatlicher Organe vom 24.6. 1971 (GBl. II Nr. 54 S. 465). Die Erste Durchführungsbestimmung zur Verordnung über das Straßenwesen vom 27.8.1957 (GBl. I Nr. 58, S. 485) äußerte sich nicht zu den Fortleitungsrechten.

(3) Wird die Sondernutzung zugelassen, ist der Berechtigte verpflichtet, die Anlage zu unterhalten. Er haftet der Straßenverwaltung und Dritten gegenüber für Schäden, die durch die Anlage oder deren Betrieb entstehen.

(4) Die Sondernutzung kann auch mit dem Vorbehalt des Widerrufes oder mit Auflagen und Beschränkungen zugelassen werden. Aus dem Widerruf können keine Ansprüche gegen die Straßenverwaltung hergeleitet werden.

(5) Das Verfahren der Zulassung von Sondernutzungen regelt das Ministerium für Verkehrswesen …

(6) Das Recht zentralgeleiteter staatlicher Einrichtungen zur Sondernutzung öffentlicher Straßen im Rahmen der Erfüllung der ihnen obliegenden Aufgaben wird durch besondere Vereinbarung mit dem Ministerium für Verkehrswesen geregelt.

Ansätze für eine Regelung der Folgekosten finden sich in § 9 der Verordnung über das Straßenwesen, die sich mit den Pflichten der Straßenverwaltung bei Veränderungen und Verlegungen der Straßen befaßten:

(3) Für Schäden, deren Übernahme den Anliegern bei Würdigung aller Umstände nicht zugemutet werden kann, ist durch die Straßenverwaltung ein einmaliger, angemessener Ersatz zu leisten. Dies gilt auch gegenüber den gemäß § 6 zur Sondernutzung Berechtigten, wenn bei der Gestattung der Sondernutzung der Widerruf nicht vorbehalten war oder von ihm kein Gebrauch gemacht worden ist.

An die Stelle der Verordnung über das Straßenwesen trat mit Wirkung zum 1. Januar 1975 die *Verordnung über die öffentlichen Straßen – Straßenverordnung* – vom 22. August 1974[232], die insbesondere durch die Erste Durchführungsbestimmung zur Straßenverordnung ebenfalls vom 22. August 1974[233] näher konkretisiert wurde.

Auch die Straßenverordnung verstand die Mitbenutzungsrechte öffentlicher Straßen durch Versorgungsleitungen als Sondernutzung. Der Strassensondergebrauch, namentlich die Sondernutzung, war nunmehr wesentlich ausführlicher geregelt als in den früheren Straßenverordnungen.

§ 13 Sondernutzungen

(1) Nutzungen der öffentlichen Straßen, die
- über den verkehrsüblichen Fahrzeug- und Fußgängerverkehr hinausgehen und besondere verkehrslenkende und -organisatorische Maßnahmen erfordern (z. B. Schwerlast- und Großraumtransporte, Kundgebungen, sportliche Massenveranstaltungen)
- nicht im Rahmen des Fahrzeug- und Fußgängerverkehrs erfolgen (z. B. Versorgungsleitungen, Grundstücksein- und -ausfahrten, Baustelleneinrichtungen),

bedürfen der vorherigen Zustimmung der jeweiligen Rechtsträger oder Eigentümer der öffentlichen Straßen, soweit sich das nicht bereits aus anderen Rechtsvorschriften ergibt. Das Ministerium für Verkehrswesen oder die örtlichen Staatsorgane können

[232] GBl. I Nr. 57 S. 515.

[233] GBl. I Nr. 57 S. 522.

sich eine Genehmigung dieser Sondernutzung vorbehalten. Ist die Sondernutzung mit Einschränkungen oder Aufhebungen der öffentlichen Nutzung verbunden, ist außerdem § 15 anzuwenden. Die Zustimmung der örtlichen Koordinierungsorgane für Baumaßnahmen im unterirdischen Bauraum bleibt hiervon unberührt.

(2) Der Sondernutzer hat seine Anlagen so herzustellen, instand zu halten und in angemessenen Zeitabständen zu überprüfen, daß keine Gefährdung der öffentlichen Nutzung sowie kein Schaden an öffentlichen Straßen eintritt. Das gilt auch, wenn diese Anlagen vorübergehend oder ständig außer Betrieb sind.

(3) Bei Maßnahmen der Instandhaltung, Erhaltung und Erweiterung an bestehenden öffentlichen Straßen haben die Sondernutzer erforderliche Folgemaßnahmen an ihren Anlagen auf eigene Kosten durchzuführen. Der Zeitwert zu beseitigender Teile von Sondernutzungsanlagen ist von den Rechtsträgern oder Eigentümern der öffentlichen Straßen abzüglich des Zeitwertes wiederverwendungsfähiger Anlagen zu ersetzen.

(4) Der Minister für Verkehrswesen und die Leiter anderer zuständiger zentraler Staatsorgane regeln in Rechtsvorschriften Besonderheiten für die im gesellschaftlichen Interesse erforderlichen Sondernutzungen. Zu diesen Sondernutzungen zählen Energiefortleitungsanlagen, Fernmeldeanlagen der Deutschen Post sowie Versorgungsanlagen der Wasserwirtschaft.

Das Fehlen der erforderlichen Zustimmung war wie folgt sanktioniert:

§ 14 Unzulässige Überschreitungen der öffentlichen Nutzung

(1) Beschädigungen oder über das verkehrsübliche Maß hinausgehende Verunreinigungen der öffentlichen Straßen, die Ableitung von Abwässern oder Oberflächenwasser in bzw. auf die öffentliche Straßen sowie ihre Nutzung gemäß § 13 Abs. 1 ohne die erforderliche Zustimmung bzw. Genehmigung sind unzulässig.

(2) ...

Den Anbau an öffentlichen Straßen behandelte:

§ 16 Gebäude oder bauliche Anlagen an ausschließlich der öffentlichen Nutzung dienenden Straßen

(1) Zur Gewährleistung der öffentlichen Nutzung und Wahrung der Belange des Umweltschutzes sowie der Erweiterung der Straßen, die ausschließlich der öffentlichen Nutzung dienen, dürfen Gebäude oder bauliche Anlagen

a) unter Straßenbrücken oder auf Grundstücken, die an diese Straßen angrenzen oder einen Anschluß erfordern, nur mit vorheriger Zustimmung der Rechtsträger dieser Straßen,
b) in den Städten und Gemeinden innerhalb der von den zuständigen Organen bestätigten Straßenbegrenzungslinien grundsätzlich nicht,
c) an Autobahnen, Fernverkehrs-, Bezirks- und Kreisstraßen außerhalb der Ortslage in einem Abstand bis zu
   100 m bei Autobahnen
   25 m bei Fernverkehrsstraßen
   20 m bei Bezirks- oder Kreisstraßen,
   jeweils gemessen am äußeren Fahrbahnrand,

grundsätzlich nicht errichtet oder angelegt werden. Für Energiefortleitungsanlagen, Fernmeldeanlagen der Deutschen Post sowie Versorgungsanlagen der Wasserwirtschaft gelten besondere Rechtsvorschriften. ...

(3) Die Zustimmung zum Errichten oder Anlegen von Gebäuden oder baulichen Anlagen innerhalb
– der Straßenbegrenzungslinien
– der in Abs. 1 Buchst. c festgelegten Abstände
kann aufgrund gesellschaftlicher Erfordernisse und unter der Bedingung erteilt werden, daß der Rechtsträger oder Eigentümer die von ihm errichteten Gebäude oder baulichen Anlagen auf seine Kosten und ohne Anspruch auf Entschädigung beseitigt oder den Erfordernissen entsprechend verändert, wenn dies insbesondere aus straßenbautechnischen Gründen erforderlich wird.

Die Erste Durchführungsbestimmung zur Straßenverordnung definierte in § 9 Abs. 1 als Sondernutzung das Aufstellen, Anbringen, den Einbau, Bestand oder die Instandhaltung von Gebäuden oder baulichen Anlagen auf, in, unter und über öffentlichen Straßen. Als Gebäude oder bauliche Anlagen im Sinne dieser Bestimmungen wurden insbesondere Rohrleitungen, Erdkabel, Kabelkanäle, Freileitungen, Kollektoren sowie die erforderlichen Bauwerke genannt[234]. Die Maßstäbe für die Erteilung der Zustimmung für die Mitnutzung der Straßen ergeben sich aus folgenden Durchführungsbestimmungen:

§ 13

Bei der Erteilung der Genehmigung bzw. Zustimmung sind die Bedingungen oder Auflagen für die Sondernutzung vorrangig auf die Gewährleistung der Verkehrssicherheit und den Bestand der Straßenverkehrsanlagen zu richten. Es ist vor allem zu sichern, daß der Straßenkörper nach erfolgter Aufgrabung wieder fachgerecht hergestellt wird.

Da Energiefortleitungsanlagen als bauliche Anlagen verstanden wurden, wäre auf sie an sich die Vorschrift des § 16 StrVO über Gebäude oder bauliche Anlagen an ausschließlich der öffentlichen Nutzung dienenden Straßen anwendbar gewesen, welcher in Abs. 3 eine Folgekostenregelung enthielt. § 16 Abs. 1 Satz 2 StrVO machte aber insoweit eine Ausnahme, indem er auf „besondere Rechtsvorschriften" verwies.

Die Verlegung von Versorgungsleitungen stellte sich somit als Sondernutzung der öffentlichen Straßen i. S. von § 13 Abs. 1, Querstrich 2, 1. Alt. StrVO dar. Dementsprechend mußten die Energiekombinate gemäß § 13 Abs. 3 Satz 1 StrVO selbst die Kosten tragen, die bei der Durchführung von Folgemaßnahmen an ihren Anlagen als Reaktion auf Maßnahmen der Instandhaltung, der Erhaltung und der Erweiterung an bestehenden Straßen entstanden.

---

[234] § 10 Querstrich 10 der 1. Durchführungsbestimmung StrVO.

Diese Maßnahmen werden in dem im Auftrag der Hauptverwaltung des Straßenwesens im Ministerium für Verkehrswesen der DDR von Autoren der Arbeitsgemeinschaft „Sozialistisches Recht im Straßenwesen" des Zentralen Erzeugnisgruppenverbandes Straßenwesen ausgearbeiteten Kommentar zur Straßenverordnung[235] wie folgt definiert:

> „Die Instandhaltung der Straßen umfaßt alle Arbeiten, die der Aufrechterhaltung des bestehenden Zustandes dienen, wie zum Beispiel bituminöse Flickung, Oberflächenbehandlung, Einebnen von Sommerwegen, Randstreifenabänderung, Straßengrabenaushub, Durchlaßreinigung, Auslichtungsschnitt an Straßenbäumen, chemische Unkrautbekämpfung, Säubern von Verkehrszeichen u.a.m.
>
> Zur Erhaltung der Straßen gehören alle Arbeiten zum Ausbau der Straße und zur Verbesserung des Straßenzustandes, wie zum Beispiel Aufbringen neuer Fahrbahndecken, Anlegung von Gehbahnen, Ausbau der Nebenanlagen, Verbreiterung der Straßen, Kurvenbegradigungen, Aufweitung von Einmündungen u.a.m.
>
> Bei der Erweiterung von Straßen werden bestimmte Straßenabschnitte im Zuge vorhandener Straßen neutrassiert, so beim Bau einer Ortsumgehung im Zuge einer vorhandenen Fernverkehrsstraße. Zur Gewährleistung der öffentlichen Nutzung der Straßen im weiteren Sinn kann auch die Erweiterung des Straßennetzes durch den Neubau von Straßen entsprechend den staatlichen Plänen dienen. Hier ist jedoch zu beachten, daß erst mit der Verkehrsfreigabe der neuen Straße die Pflicht des Rechtsträgers zur Gewährleistung der öffentlichen Nutzung auf dieser Straße beginnt. Bis zu diesem Zeitpunkt ist die Straße als Baustelle und nicht als öffentliche Straße zu betrachten".

Weit verstanden wird der Begriff der Erweiterung auch in der grundlegenden Schrift von Bönninger / Knobloch[236]:

> „Unter Erweiterung der Straßen versteht man die Neuerrichtung einer Straße, also die Erweiterung des bestehenden Straßennetzes und die Neuerrichtung von Bestandteilen der Straße. Hierzu rechnet also der Neubau einer Ortsumgehungsstraße ebenso wie der Neubau einer Autobahn, die Neuerrichtung einer Lichtsignalanlage oder Straßenbeleuchtung."

Nicht Regelungsgegenstand des § 13 Abs. 3 StrVO waren dagegen die Folgekosten, die dann entstanden, wenn *Neubaumaßnahmen* bestehende Versorgungsleitungen kreuzten.

§ 13 Abs. 3 Satz 2 StrVO war dagegen die Rechtsgrundlage für einen Erstattungsanspruch der Sondernutzer für die zu beseitigenden Teile von Sondernutzungsanlagen.

---

[235] *Hammer*, in: Kommentar zur Verordnung über die öffentlichen Straßen – Straßenverordnung, 1977, S. 35 f.

[236] Das Recht der öffentlichen Straßen, 1978, S. 54.

Der Rückerstattungsanspruch nach § 13 Abs. 3 Satz 2 entstand nur, wenn *erstens* die vorherige Zustimmung des jeweiligen Rechtsträgers oder Eigentümers der öffentlichen Straßen nach § 13 Abs. 1 2. Spiegelstrich bzw. anderweitigen Rechtsvorschriften als Sondernutzungsvoraussetzungen vorlag und wenn *zweitens* der Sondernutzer die erforderlichen Folgemaßnahmen auf eigene Kosten durchgeführt hatte.

Die Möglichkeit, von diesen Anspruchsvoraussetzungen abzuweichen, bestand nicht mehr. § 16 Abs. 3 bestimmte zwar, daß die Zustimmung zum Errichten oder Anlegen von baulichen Anlagen unter der Bedingung erteilt werden konnte, daß der Rechtsträger oder Eigentümer der baulichen Anlage diese auf seine Kosten und ohne Anspruch auf Entschädigung zu beseitigen oder zu verändern hatte. Solche Bedingungen wurden aber im Hinblick auf Energiefortleitungsanlagen durch § 16 Abs. 1 Satz 2 StrVO ausgeschlossen.

Die Anforderungen, die an die *Zustimmung* zu stellen sind, erscheinen fraglich. Jedenfalls kann ein Nutzungsrecht und damit ein Erstattungsanspruch nur entstanden sein, wenn die Zustimmung *nachgewiesen* wird. Dies ergibt sich aus der Formulierung „vorherige" Zustimmung. Käme es nur auf die faktische Nutzung an, könnte jede widerspruchslose Duldung der Nutzung öffentlicher Straßen als konkludente Zustimmung interpretiert werden. Diese großzügige Handhabung ist dadurch ausgeschlossen, daß die Zustimmung eindeutig *vor* der Sondernutzung erklärt sein mußte. Wenn demzufolge keine Zustimmung nachweisbar ist, fehlte es an der „vorherigen" Zustimmung, was – wie § 14 Abs. 1 StrVO zeigt – durchaus vorkommen konnte. Wird freilich die Zustimmung nachgewiesen, so kann diese Rechtsposition nicht mehr nachträglich beseitigt werden. Zwar war gemäß Art. 8 und 19 Einigungsvertrag das Verwaltungsverfahrensgesetz in den neuen Ländern anwendbar, welches die Möglichkeit eröffnet, Verwaltungsakte unter den Voraussetzungen des § 49 Abs. 2 Nr. 3 und Nr. 4 zu widerrufen. Aber abgesehen davon, daß es sich bei der Zustimmung des Rechtsträgers oder Eigentümers öffentlicher Straßen zur Sondernutzung ohnehin nicht um einen Verwaltungsakt handelt, sind auch die sonstigen Widerrufsvoraussetzungen nicht erfüllt, da die Begünstigten bereits von der Sondernutzungsberechtigung Gebrauch gemacht hatten[237]. Obendrein würde § 13 Abs. 3 StrVO dem § 49 Abs. 5 VwVfG als lex specialis vorgehen.

Der Anspruch richtet sich auf den Zeitwert der nicht wiederverwendungsfähigen Teile der Versorgungsanlage. Zeitwert ist der verbleibende Materialwert der beseitigten Anlagenteile nach Abzug der normativen Abschreibung vom Wiederbeschaffungswert.

---

[237] § 49 Abs. 2 Nr. 4 VwVfG.

d) Folgeinvestitionsverordnung

Regelungsbereich der Folgeinvestitionsverordnung vom 13. Juli 1978[238] waren Investitionen *(Folgeinvestitionen)*, die aufgrund anderer Investitionen *(auslösender Investitionen)* erforderlich wurden[239]. Um die finanziellen Auswirkungen eines Vorhabens für die Gesamtwirtschaft abschätzen und alle Kosten erfassen zu können, mußten die Investitionsauftraggeber schon bei der Projektierung eines Vorhabens[240] die Auswirkungen des Vorhabens auf die vor- und nachgelagerten Produktionsstufen und auf die einzelnen Bereiche der sozialen und technischen Infrastruktur des jeweiligen Territoriums so klären, daß eine Abgrenzung der Verantwortungsbereiche zwischen dem Auftraggeber der veranlassenden Investition und der für die Folgeinvestitionen fachlich zuständigen Betriebe und örtlichen Staatsorgane erfolgen konnte[241]. Zwischen den betroffenen Wirtschaftseinheiten wurden sodann *Koordinierungsverträge* abgeschlossen. Hierbei hatte sich der Investitionsauftraggeber der auslösenden Investition gegenüber dem Investitionsauftraggeber der Folgeinvestitionen zu verpflichten, „materielle Fonds in Höhe des Wertumfangs eines neuen Grundmittels sowie finanzielle Fonds in Höhe der materiellen Fonds" bereitzustellen[242]. Für Folgekosten galt somit das Veranlasserprinzip. Ob und gegebenenfalls inwiefern die Folgeinvestitionsverordnung auch für Folgekosten im Zusammenhang mit der Mitnutzung von Straßen durch Versorgungsleitungen in der Zeit bis zum 30. Oktober 1990 herangezogen werden kann, erscheint in mehrfacher Hinsicht zweifelhaft: Zum einen ist die Folgeinvestitionsverordnung bereits mit Wirkung vom 30. Juni 1990 *aufgehoben* worden[243]. Zum anderen sind keine auf der Grundlage der Folgeinvestitionsverordnung ergangenen *Verwaltungsentscheidungen* ersichtlich, die nach Art. 19 EV über den Zeitpunkt des Beitritts hinaus fortgelten. Vor allem aber wurde die Folgeinvestitionsverordnung durch speziellere Folgekostenregelungen *verdrängt*.

Selbst in der zentralistisch geleiteten DDR gab es Unklarheiten über die Anwendbarkeit der Folgeinvestitionsverordnung. Die Folgeinvestitionsverordnung erfaßte zwar grundsätzlich die gesamte Volkswirtschaft. „Zweigspezifische Regelungen", die ebenfalls Folgemaßnahmen betrafen, gingen ihr aber

---

[238] Oben mit Fußn. 16.

[239] § 1 Abs. 1 und 2 Ziff. 3 FolgeinvestitionsVO.

[240] Vgl. § 3 Abs. 5 Verordnung über die Vorbereitung von Investitionen vom 23.5.1985 (GBl. I Nr. 17 S. 197).

[241] Hierzu *Drasdo/Fenske*, Verordnung über Folgeinvestitionen, Die Wirtschaft Nr. 1078, 1978, 15 ff.

[242] § 6 Abs. 2, § 7 Abs. 5 FolgeinvestitionsVO.

[243] Bekanntmachungen über die Aufhebung von Rechtsvorschriften vom 20.6.1990, GBl. I S. 479.

vor. Schwierigkeiten tauchten dann auf, wenn nicht feststand, ob solche zweigspezifischen Regelungen existierten. Ungeklärt war bereits das Verhältnis der Folgeinvestitionsverordnung zu den Regelungen der Energieverordnung[244]. So ließ sich in der Energieverordnung von 1976 und in der (sachlich unveränderten) Energieverordnung von 1980 eine Regelungslücke ausmachen, die man durch parallele Anwendung der Folgeinvestitionsverordnung hätte schließen könne. Trotzdem rief die Ungewißheit offenbar den Verordnungsgeber auf den Plan. Die Regelungslücke wurde nämlich durch die Energieverordnung von 1988 ausdrücklich geschlossen. § 48 Abs. 2 Satz 2 EnVO 1988 verwies nunmehr auf die Rechtsvorschriften über die Folgeinvestitionen, was sich erübrigt hätte, wenn man von vornherein von der Anwendbarkeit der Folgeinvestitionsverordnung ausgegangen wäre. Mit der Aufhebung der Folgeinvestitionsverordnung mußte sodann auch § 48 Abs. 2 EnVO 1988 geändert werden. Der speziellere Charakter der Energieverordnung kommt dadurch deutlich zum Ausdruck. Ähnlich diffizil ist die Rechtslage, soweit es sich um Folgemaßnahmen im Zusammenhang mit der Instandhaltung, Erhaltung und Erweiterung bestehender öffentlicher Straßen handelte. Zwar wurde kurzfristig ein Vorrang der neueren Folgeinvestitionsverordnung im Verhältnis zur Straßenverordnung angenommen[245]. Schon bald setzte sich aber die Ansicht durch, daß die Regelung des § 13 Abs. 3 StrVO im Verhältnis zur Folgeinvestitionsverordnung die lex specialis darstellte[246]. § 13 Abs. 3 StrVO betraf freilich lediglich die materiellrechtliche Frage der Folgekostenplicht, so daß man auch im Rahmen des Spezialitätsverhältnisses nach der Folgeinvestitionsverordnung hätte verfahren können. Obendrein erfaßte § 13 Abs. 3 StrVO Vorhaben nicht, die über Instandhaltungs-, Erhaltungs- oder Erweiterungsmaßnahmen von Straßen hinausgingen. Für die Anwendbarkeit der Folgeinvestitionsverordnung bestand also durchaus noch Raum. Zur Abgrenzung erließ daher das Ministerium für Verkehrswesen die „Richtlinie vom 15. Juli 1981 über die Leitung und Planung des Reproduktionsprozesses der Grundfonds der materiell-technischen Territorialstruktur im Bereich des Straßenwesens – RTS –"[247], welche für Instandsetzungsmaßnahmen auf die Wertgrenze von 1 Million Mark bzw. auf eine Verbreiterung des Straßenquerschnitts bis zu 1 Meter abstellte. Auf Erweiterungsmaßnahmen paßte diese Begrenzung an sich nur, wenn man auf den prozeduralen Charakter der Folgeinvestitionsverordnung abstellt. In der Praxis nahm man aber wohl eine Zweiteilung vor: Die Instandhaltungsmaßnahmen von Straßen wurden nach § 13 Abs. 3 StrVO behandelt; für Investitionsmaßnahmen galt die Folgeinvestitions-

---

[244] Vgl. *Krause*, Vorbereitung und Durchführung von Folgeinvestitionen, Wirtschaftsrecht 4/1985, 91 f. (92 Fn. 6).

[245] Staatliches Vertragsgericht, Schiedsspruch vom 9.4.1980 – 23-S-262/79/Gr/schm –.

[246] *Krause*, Wirtschaftsrecht 4/1985, 92.

[247] Hrsg.: Ministerrat der DDR.

verordnung[248]. In diesem Sinn dürfte auch *Krause* zu verstehen sein, der unter Hinweis auf die Richtlinie ausführte:

> „Alle aus Instandhaltungsmaßnahmen i.S. der RTS resultierenden Folgemaßnahmen – auch wenn diese selbst Investitionen darstellen – haben die Sondernutzer gem. § 13 Abs. 3 der Straßenverordnung auf eigene Kosten durchzuführen“[249].

Daraus folgt: Im Spannungsverhältnis zwischen Straßenbauverwaltung und Energieversorgungsunternehmen fand die Folgeinvestitionsverordnung nur begrenzt Anwendung. Das im Investitionsrecht der DDR maßgebliche Veranlasserprinzip kann nicht ohne weiteres auf dieses Spannungsverhältnis übertragen werden[250].

3. Zwischenergebnis

Das Spannungsverhältnis zwischen Straßenverwaltung und Energieversorgung bestand unter anderen wirtschaftspolitischen Vorbedingungen auch in der früheren DDR. Selbst in der dortigen zentralgeleiteten Wirtschaft kam keine einheitliche Lösung der Folgekostenproblematik zustande. Vielmehr bestanden in allen Entwicklungsphasen der DDR energie- und straßenrechtliche Vorschriften *nebeneinander*, die voneinander abweichende Folgekostenregelungen vorsahen. Nur nach den energierechtlichen Vorschriften galt – jedenfalls bei privatveranlaßten Leitungsverlegungen mitgenutzer Grundstükke – das Veranlasserprinzip, wie es auch bei Vorhaben der Gesamtwirtschaft der Folgeinvestitionsverordnung zugrundelag. Die straßenrechtlichen Bestimmungen nahmen demgegenüber auch hinsichtlich der Folgekosten die Sondernutzer, zu denen auch die Energieversorgungsunternehmen zählten, in Pflicht. Das Konkurrenzverhältnis der verschiedenen Energie- und Straßenverordnungen wurde vom Verordnungsgeber niemals eindeutig bestimmt. Die Verhandlungen zum Einigungsvertrag trafen daher auf eine insoweit auch in der DDR ungeklärte Rechtslage.

---

[248] Vgl. *Hammer*, Die Regelungen der Verordnung über die öffentlichen Straßen für die Sondernutzung und für Gebäude und bauliche Anlagen an Straßen, Die Straße 1987, 378 ff. (381); Bezirksvertragsgericht Karl-Marx-Stadt, Schiedsspruch vom 14.4.1985 – 23-K-12/85 –.

[249] Ebd.; ebenso *Hohlwein*, Probleme der Anwendung von Rechtsvorschriften über die Durchführung von Folgemaßnahmen im Straßenwesen, Die Straße 1980, 272 ff. (276).

[250] Zentrales Vertragsgericht, Beschluß vom 28.9.1973 – AH – 375/73, 23-H-144/71; zit. nach *Hohlwein*, Rechtsfragen der Verlegung von Versorgungsleitungen bei Investitionsmaßnahmen des Straßenwesens aus der Sicht der Spruchpraxis des Staatlichen Vertragsgerichts und der Literatur, Die Straße 1974, 252 ff.

IV. Rechtslage nach der Wiedervereinigung

1. Überleitungs- und Übergangsregelungen im Einigungsvertrag

a) Allgemeines

Die deutsche Wiedervereinigung erforderte in erster Linie die Rechtsvereinheitlichung. Selbst bei der Vorgehensweise nach Art. 23 Abs. 2 GG a.F. ließ sich in einer Übergangsphase der partielle Fortbestand unterschiedlicher Rechtsordnungen – unter Wahrung des Homogenitätsprinzips – nicht vermeiden[251]. Die Grundlagen für die sukzessive Rechtsangleichung schufen der Vertrag über die Schaffung einer Währungs-, Wirtschafts- und Sozialunion vom 18. Mai 1990[252] und insbesondere der Einigungsvertrag[253]. Danach stellt sich der Vorgang der Rechtsangleichung wie folgt dar:

Nach Art. 3 EV wurde das Grundgesetz mit den beitrittsbedingten Änderungen[254] in den neuen Bundesländern und in Ostberlin in Kraft gesetzt, soweit im Einigungsvertrag nichts anderes bestimmt war. Die Überleitung von Bundesrecht erfolgte nach Art. 8 EV dergestalt, daß mit Wirksamwerden das Bundesrecht im Beitrittsgebiet in Kraft trat, „soweit es nicht in seinem Geltungsbereich auf bestimmte Länder oder Landesteile der Bundesrepublik beschränkt ist und soweit durch diesen Vertrag, insbesondere dessen Anlage I, nichts anderes bestimmt wird."

Nicht alle Hoheitsakte der DDR wurden durch den Beitritt obsolet. Das im Zeitpunkt der Unterzeichnung des Einigungsvertrags geltende Recht der DDR blieb freilich nur nach Maßgabe des Art. 9 EV in Kraft. Ehemaliges DDR-Recht wurde obendrein nach Prüfung der Vereinbarkeit mit den rechtsstaatlichen Grundsätzen der alten Bundesrepublik und dem EU-Recht in erster Linie übernommen, um *landesrechtliche* Lücken zu schließen[255]. Es bot sich an, der Sondersituation in den neuen Bundesländern besser Rechnung zu tragen, zumal es durch die rege Gesetzgebungstätigkeit der ersten Volkskammer in erheblichem Umfang in Richtung auf die Herstellung der Einheit Deutsch-

---

[251] Hierzu bereits *Ronellenfitsch*, in: *Lörler / Ronellenfitsch / Himmelreich / Ouart*, Überlegungen zur Entflechtung von Partei und Staat in der DDR, März 1990, S. 4 ff., 75.

[252] BGBl. II S. 537 mit der Denkschrift BT-Drucks. 11 / 7350. Zur Rechtsanpassung *Stern / Schmidt-Bleibtreu*, Verträge und Rechtsakte zur Deutschen Einheit. Bd. I: Staatsvertrag zur Währungs-, Wirtschafts- und Sozialunion, 1990, S. 44, 57.

[253] Oben Fußn. 18.

[254] Art. 4 EV.

[255] Vgl. auch *Stelkens*, Fragen zum Verwaltungsverfahrensgesetz nach dem Einigungsvertrag, DtZ 1991, 264 ff. (264).

lands umgestaltet worden war[256]. DDR-Recht, das nach der Kompetenzordnung des Grundgesetzes in die Gesetzgebungszuständigkeit des Bundes fiel, gilt nach Art. 9 Abs. 2 und 3 EV nur weiter, wenn und soweit es in der Anlage II des Einigungsvertrags oder in der Änderungsvereinbarung vom 18. September 1990[257] als weitergeltend aufgeführt ist. Die Auflistung ist abschließend[258].

Die Fortgeltung gerichtlicher Entscheidungen bemißt sich nach Art. 18 EV, die von Entscheidungen der öffentlichen Verwaltung nach Art. 19 EV.

Dieser Systematik entsprechend sind die Anhänge des Einigungsvertrages gestaltet. Während Anlage I Maßgaberegelungen enthält, mit denen Bundesrecht eingeführt wird, bestimmt Anlage II die sachliche und zeitliche Fortgeltung von DDR-Recht.

b) Überleitung von Bundesrecht

Gemäß Anlage I Kapitel V (Geschäftsbereich des Bundesministers für Wirtschaft), Sachgebiet D (Recht des Bergbaus und der Versorgungswirtschaft), Abschnitt III traten in Kraft:

11. Energiewirtschaftsgesetz in der im Bundesgesetzblatt III, Gliederungsnummer 752-1, veröffentlichten bereinigten Fassung, zuletzt geändert durch Gesetz vom 19. Dezember 1977 (BGBl. I S. 2750),

    mit folgender Maßgabe:

    Für das Verfahren nach § 11 Abs. 2 gelten bis zum Inkrafttreten von Enteignungsgesetzen in dem in Art. 3 des Vertrages genannten Gebiet die Enteignungsvorschriften des Baugesetzbuchs vom 8. Dezember 1986 (BGBl. I S. 2191) in der Fassung der Bekanntmachung vom 8. Dezember 1986 (BGBl. I S. 2253), geändert durch Gesetz vom 25. Juli 1988 (BGBl. I S. 2093) entsprechend.

Ferner wurden in diesem Zusammenhang übergeleitet die Bundestarifordnung Elektrizität vom 18. Dezember 1989[259], die Bundestarifordnung Gas[260] sowie die Verordnungen über die Allgemeinen Bedingungen für die Elektrizitäts-[261], Gas-[262], Wasser-[263] und Fernwärmeverordnung[264].

---

[256] Vgl. *Brachmann*, Öffentliches Recht in den neuen Bundesländern nach dem Einigungsvertrag, LKV 1991, 12 ff. (13).

[257] BGBl. II S. 1239.

[258] Vgl. nur *Schnappauf*, Der Einigungsvertrag, DVBl. 1990, 1249 ff. (1253).

[259] BGBl. I S. 2255; vgl. Ziff. 12.

[260] In der in BGBl. III 721-4 veröffentlichten bereinigten Fassung; vgl. Ziff. 13.

[261] Oben Fn. 55; vgl. Ziff. 14. Buchs. b) enthielt u.a. folgende Maßgabe: Die Bedingungen und Auflagen auf Grund der §§ 16, 18 und 20 der Energieverordnung der Deutschen

Nach Anlage I Kapitel XI (Geschäftsbereich des Bundesministers für Verkehr), Sachgebiet F (Straßenbau) Abschnitt III trat in Kraft

1. Bundesfernstraßengesetz in der Fassung der Bekanntmachung vom 8. August 1990 (BGBl. I S. 1714), geändert durch Gesetz vom 12. Februar 1990 (BGBl. I S. 205)

   mit folgenden Maßgaben:

   a) Autobahnen und Fernverkehrsstraßen in dem in Artikel 3 des Vertrages genannten Gebiet sind in dem in § 1 Abs. 4 bestimmten Umfang Bundesautobahnen und Bundesstraßen (Bundesfernstraßen) im Sinne des Gesetzes; § 2 Abs. 4 bleibt unberührt. Die Straßenbaulast für diese Straßen geht auf den Bund und in den Fällen des § 5 Abs. 2 bis 3a auf die Gemeinden über.
   b) Soweit der Bund Träger der Straßenbaulast wird, gehen gleichzeitig das Eigentum an den Straßen sowie alle mit ihnen im Zusammenhang stehenden Rechte und Pflichten auf den Bund über. Werden Gemeinden Träger der Baulast, gehen das Eigentum an den Straßen sowie alle mit ihnen im Zusammenhang stehenden Rechte und Pflichten auf sie über. § 6 findet entsprechende Anwendung. Eigentumsrechte Privater bleiben unberührt.

...

c) Fortgeltendes Recht der DDR

Für die Regelung von Folgekosten, die bei straßenbaubedingten Änderungen von Fernstraßen entstehen, ergibt sich die Anwendung von Überleitungsnormen zur Energieverordnung und zur Straßenverordnung.

Nach Anlage II Kapitel V (Geschäftsbereich des Bundesministers für Wirtschaft), Sachgebiet D (Recht des Bergbaus und der Versorgungswirtschaft), Abschnitt III bleibt folgendes Recht der DDR in Kraft:

4. Energieverordnung vom 1. Juli 1988 (GBl. I Nr. 10 S. 89), zuletzt geändert durch die Verordnung vom 25. Juli 1990 zur Änderung der Energieverordnung (GBl. I Nr. 46 S. 812) sowie die dazu ergangenen Rechtsvorschriften in der Fassung der 5. Durchführungsbestimmung vom ... August 1990 (GBl. I Nr. ... S. ...)

   mit folgenden Maßgaben

   a) Die §§ 10, 14, 33 Abs. 2 und § 52 sowie die dazu ergangenen Durchführungsbestimmungen gelten bis zum 31. März 1991 fort.

Demokratischen Republik (EnVO) vom 1. Juni 1988 (GBl. I Nr. 10 S. 89), zuletzt geändert durch die Verordnung vom 25. Juli 1990 zur Änderung der Energieverordnung (GBl. I Nr. 46 S. 812), sowie der dazu ergangenen Durchführungsbestimmungen können bis zum 30. Juni 1992 beibehalten werden, soweit dies zur Sicherstellung der Versorgung erforderlich ist; Veränderungen sind dem Kunden schriftlich mitzuteilen ...

[262] Oben Fußn. 56; vgl. Ziff. 15.

[263] Verordnung über Allgemeine Bedingungen für die Versorgung mit Wasser vom 20.6. 1980 (BGBl. I S. 750, 1067); vgl. Ziff. 16.

[264] Oben Fußn. 57; vgl. Ziff. 17.

b) Die §§ 29 Abs. 1 bis 3, §§ 30, 31, 48 und 69 Abs. 4 sowie die dazu ergangenen Durchführungsbestimmungen gelten für bestehende Mitbenutzungsrechte an Grundstücken und Bauwerken für Energiefortleitungsanlagen bis zum 31. Dezember 2010 fort. Für bestehende Mitbenutzungsrechte an Grundstücken von Städten und Gemeinden für Energiefortleitungsanlagen, die der kommunalen Versorgung dienen, gilt dies nur bis zum 31. Dezember 1991, soweit nicht bereits vorher ein wirksamer Konzessionsvertrag abgeschlossen wird. Ein nach diesen Vorschriften bestehendes Mitbenutzungsrecht bedarf zur Erhaltung gegenüber dem öffentlichen Glauben des Grundbuchs nicht der Eintragung in das Grundbuch.

Nach der Konzeption des Einigungsvertrags bleiben die bestehenden Mitbenutzungsrechte nach der Energieverordnung zunächst für die Dauer von 20 Jahren aufrechterhalten. Danach entfallen sie ersatzlos. Bis zu diesem Zeitpunkt sollten die Energieversorgungsunternehmen Energieleitungsrechte zu den üblichen Abfindungsbeträgen vereinbart haben[265]. Die Übergangsregelung bezieht sich somit *nach ihrer Zielrichtung* schwerpunktmäßig auf Verträge über die Nutzung nicht widmungsgebundener Grundstücke sowie auf Konzessionsverträge, *nicht* jedoch auf *unentgeltliche Gestattungsverträge*. Daher ist es von Interesse, ob und wie die thematisch ebenfalls einschlägige Straßenverordnung übergeleitet wurde.

Nach Anlage II Kapitel XI (Geschäftsbereich des Bundesministers für Verkehr), Sachgebiet D (Straßenbau), Abschnitt III bleibt folgendes Recht der DDR in Kraft:

1. Verordnung vom 22. August 1974 über die öffentlichen Straßen – Straßenverordnung – (GBl. I Nr. 57 S. 515)

   mit folgender Maßgabe:

   Sie gilt als Landesrecht in dem in Artikel 3 des Vertrages genannten Gebiet.

2. Erste Durchführungsbestimmungen zur Straßenverordnung vom 22. August 1974 (GBl. I Nr. 57 S. 522)

   mit folgender Maßgabe:

   Für eine Aufhebung oder Änderung sind die in Artikel 1 des Vertrages genannten Länder zuständig.

3. Zweite Durchführungsbestimmung zur Straßenverordnung vom 14. Mai 1984 – Sperrverordnung – (GBl. Nr. 20 S. 259)

   mit folgender Maßgabe:

   Für eine Aufhebung oder Änderung sind die in Artikel 1 des Vertrages genannten Länder zuständig.

---

[265] *Schmidt-Räntsch*, Energieleitungsrechte in den neuen Bundesländern, RdE 1994, 214 ff. (214).

d) *Folgerung*

Da § 8 Abs. 10 FStrG übergeleitet wurde, besteht die Möglichkeit, die Folgekostenpflicht vertraglich (auch rückwirkend) zu regeln. In den vertraglich nicht geregelten Fällen ist es dagegen fraglich, ob das frühere Straßenrecht oder Energierecht der DDR einschlägig ist. Diese Frage läßt sich nicht aus dem Einigungsvertrag heraus beantworten, der in gleicher Weise die Fortgeltung beider Normierungen und der auf ihrer Grundlage ergangenen Verwaltungsentscheidungen bestimmt hat. Das Konkurrenzverhältnis der Energieverordnung und Straßenverordnung ist daher unabhängig vom Einigungsvertrag zu bestimmen, wenn nicht zwischenzeitlich eine Änderung der Rechtslage eingetreten ist.

2. Weiterentwicklung

a) *Überblick*

Im Hinblick auf die *Leitungsrechte bei nicht widmungsgebundenen Grundstücken* ließ sich die Konzeption des Einigungsvertrags nicht durchhalten. Danach hätten nämlich die Energieversorgungsunternehmen zur Sicherung der bis zum 3. Oktober 1990 errichteten Leitungen und Anlagen Verträge für rund 3 Millionen Grundstücke abschließen müssen, von denen viele noch nicht oder nicht korrekt vermessen sind. Obendrein wäre vielfach das Auffinden der Eigentümer der zu belastenden Grundstücke auf kaum zu behebende Schwierigkeiten gestoßen[266]. Daher wurde in Abweichung vom Einigungsvertrag eine *gesetzgeberische Lösung* gefunden. Die Lösung stellt ab auf die rechtliche Situation, die entsteht, wenn eine Einigung der Parteien scheitert. Da dann im Wege der Enteignung eine Dienstbarkeit begründet werden könnte[267], entschloß sich der Gesetzgeber, *von vornherein* eine Dienstbarkeit mit Abfindungsanspruch vorzusehen. Der Entwurf eines Gesetzes zur Vereinfachung und Beschleunigung registerrechtlicher und anderer Verfahren (Registerverfahrensbeschleunigungsgesetz – RegVBG) vom 12. August 1993[268] enthielt in seinem dritten Abschnitt (Nicht eingetragene dingliche Rechte) zwar noch keine spezielle Bestimmung über Leitungsrechte. Auf der Grundlage eines Formulierungsvorschlags des Bundesministeriums der Justiz wurde dann aber mit dem späteren § 9 GBerG eine umfassende Bestimmung in das

[266] Vgl. auch *Seeliger*, Die Benutzung fremder Grundstücke durch Leitungen der öffentlichen Versorgung in den neuen Bundesländern, DtZ 1995, 34 ff. (34).

[267] Oben B.I.2.b) (S. 26 f.).

[268] BT-Drucks. 12/5554.

Registerverfahrensbeschleunigungsgesetz[269] eingefügt. Die ersten drei Absätze der Vorschrift lauten:

§ 9

Leitungen und Anlagen für die Versorgung mit Energie und Wasser sowie die Beseitigung von Abwasser

(1) Zum Besitz und Betrieb sowie zur Unterhaltung und Erneuerung von Energieanlagen (Anlagen zur Fortleitung von Elektrizität, Gas und Fernwärme, einschließlich aller dazugehörigen Anlagen, die der Fortleitung unmittelbar dienen) auf Leitungstrassen, die am 3. Oktober 1990 in dem in Artikel 3 des Einigungsvertrages genannten Gebiet genutzt waren, wird zugunsten des Versorgungsunternehmens (Energieversorgungsunternehmen im Sinne des Energiewirtschaftsgesetzes und Fernwärmeversorgungsunternehmen), das die jeweilige Anlage bei Inkrafttreten dieser Vorschrift betreibt, am Tage des Inkrafttretens dieser Vorschrift eine beschränkte persönliche Dienstbarkeit an den Grundstücken begründet, die von der Energieanlage in Anspruch genommen werden. § 892 des Bürgerlichen Gesetzbuches gilt in Ansehung des Ranges für Anträge, die nach Inkrafttreten dieser Vorschrift, im übrigen erst für Anträge, die nach dem 31. Dezember 2010 gestellt werden. Ist das Grundstück mit einem Erbbaurecht oder einem dinglichen Nutzungsrecht im Sinne des Artikels 233 § 4 des Einführungsgesetzes zum Bürgerlichen Gesetzbuch belastet, ruht die Dienstbarkeit als Gesamtbelastung auf dem Grundstück und dem Erbbaurecht oder Gebäudeeigentum.

(2) Absatz 1 findet keine Anwendung, soweit Kunden und Anschlußnehmer, die Grundeigentümer sind, nach der Verordnung über Allgemeine Bedingungen für die Elektrizitätsversorgung von Tarifkunden vom 21. Juni 1979 (BGBl. I S. 684), der Verordnung über Allgemeine Bedingungen für die Gasversorgung von Tarifkunden vom 21. Juni 1979 (BGBl. I S. 676) oder der Verordnung über Allgemeine Bedingungen für die Versorgung mit Fernwärme vom 20. Juni 1980 (BGBl. I S. 742) zur Duldung von Energieanlagen verpflichtet sind, sowie für Leitungen über oder in öffentlichen Verkehrswegen und Verkehrsflächen.

(3) Das Versorgungsunternehmen ist verpflichtet, dem Eigentümer des nach Absatz 1 mit dem Recht belasteten Grundstücks, in den Fällen des Absatzes 1 Satz 3 als Gesamtgläubiger neben dem Inhaber des Erbbaurechts oder Gebäudeeigentums, einen einmaligen Ausgleich für das Recht zu zahlen. Dieser Ausgleich bestimmt sich nach dem Betrag, der für ein solches Recht allgemein üblich ist. Die erste Hälfte des Betrags ist unverzüglich nach Eintragung der Dienstbarkeit zugunsten des Versorgungsunternehmens und Aufforderung durch den Grundstückseigentümer, frühestens jedoch am 1. Januar 2001 zu zahlen, die zweite Hälfte wird am 1. Januar 2011 fällig. Das Energieversorgungsunternehmen ist zur Zahlung eines Ausgleichs nicht verpflichtet, wenn das Grundstück mit einer Dienstbarkeit des in Absatz 1 bezeichneten Inhalts belastet ist oder war und das Grundstück in einem diese Berechtigung nicht überschreitenden Umfang genutzt wird oder wenn das Versorgungsunternehmen auf die Dienstbarkeit nach Absatz 6 vor Eintritt der jeweiligen Fälligkeit verzichtet hat. Zah-

[269] Gesetz zur Vereinfachung und Beschleunigung registerrechtlicher und anderer Verfahren (Registerverfahrensbeschleunigungsgesetz – RegVBG) vom 20.12.1993 (BGBl. I S. 2182); Art. 2 enthält das Grundbuchbereinigungsgesetz (GBerG). Ergänzt wird das Gesetz durch die Sachenrechtsdurchführungsverordnung (SachenRDVO) (BGBl. I 1994 S. 3900), die am 11.1.1995 in Kraft getreten ist.

lungen auf Grund der Bodennutzungsverordnung vom 26. Februar 1981 (GBl. I Nr. 10 S. 105), früherer oder anderer Vorschriften entsprechenden Inhalts genügen im übrigen nicht. Abweichende Vereinbarungen sind zulässig.

b) Bewertung

Das Grundbuchbereinigungsgesetz rückt die Bestandsinteressen der Energieversorgungsunternehmen gegenüber den Interessen der Eigentümer und sonstigen Berechtigten einseitig in den Vordergrund. Ob das im Hinblick auf die vielfach ohne Berücksichtigung gesamtplanerischer und städtebaulicher Belange errichteten Anlagen angemessen ist oder ob Nachbesserungsbedarf besteht[270], mag dahinstehen. Jedenfalls sind die öffentlichen Verkehrswege und -flächen von der Regelung des § 9 Abs. 1 GBerG ausgenommen. Der Gesetzgeber hat damit das System übernommen, das § 13 StrVO zugrundelag[271]. Für den Neubau von Straßen nach dem 3. Oktober 1990 sind allerdings die gesetzlich begründeten Dienstbarkeiten von praktischer Bedeutung.

3. Zwischenergebnis

Das Konkurrenzverhältnis von Energieverordnung und Straßenverordnung wird vom Einigungsvertrag lediglich vorausgesetzt, aber nicht beseitigt. Der Inhalt des Einigungsvertrags ist für die Bewältigung der Folgekostenproblematik wenig hilfreich. Auch das Grundbuchbereinigungsgesetz hat die Bewältigung der Folgekostenproblematik bewußt offen gelassen. Ihre Lösung für die Zeit bis zum 3. Oktober 1990 muß auf der Grundlage einer Interpretation des fortgeltenden DDR-Rechts erfolgen.

V. Konkurrenzen

1. Meinungsstreit

a) Bedeutung

Das Verhältnis zwischen den im engeren Sinne energierechtlichen und wegerechtlichen Regelungen, die sich mit den vor dem 3. Oktober 1990 entstandenen Rechten befassen, Straßen durch Energiefortleitungsanlagen mit-

---

[270] So *Schnabel*, Energieversorgung in den neuen Ländern. Duldung von Leitungsrechten und Entschädigung, Grundeigentum 1994, 551 ff. (552).

[271] *Schmidt-Räntsch*, RdE 1994, 215.

zubenutzen, ist nicht erst in der Gegenwart umstritten. Als die DDR noch existierte, bestanden selbst dort *unterschiedliche Rechtsauffassungen* über die Handhabung der Folgekostenproblematik.

Je nach Blickwinkel wurde auf die vorrangige Geltung der Straßenverordnung oder der Energieverordnung abgehoben, was erhebliche Auswirkungen hatte: Während nach der Staßenverordnung das Energieversorgungsunternehmen selbst die Kosten tragen mußte, die durch die Verlegung der Straße entstanden, und aufgrund von § 13 Abs. 3 Satz 2 StrVO nur ein Rückerstattungsanspruch in Höhe des Zeitwertes der zu beseitigenden Anlage abzüglich des Zeitwertes der wiederverwendbaren Teile der Anlage gegeben war, war der Anspruch aus § 31 Abs. 3 EnVO auf den Ersatz der gesamten durch die Verlegung entstehenden Aufwendungen gerichtet. Für die Fortgeltung von DDR-Recht ist es nun weniger interessant, welche Rechtsansicht *zutreffend* war. In einem totalitären und zentralgesteuerten System wie dem der DDR kommt es naturgemäß stärker als in einer pluralistischen Verfassungsordnung darauf an, welche Meinung sich letztlich *durchsetzte* und die Praxis prägte. Auch für die *Fortgeltung von Verwaltungsentscheidungen* ist es wichtig, auf welche Rechtsgrundlagen sie sich faktisch stützten. Dennoch ist die rechtliche Kontroverse nicht völlig bedeutungslos, weil *fortgeltendes DDR-Recht* heute so auszulegen ist, wie es den Belangen der Rechtseinheit am besten entspricht[272].

b) DDR-Autoren

Vor und kurz nach Erlaß der Straßenverordnung wurde der Standpunkt der – unter Vorbehalt so zu bezeichnenden – führenden DDR-Juristen vor allem in zahlreichen Beiträgen von Hohlwein zum Ausdruck gebracht. Nach Inkrafttreten der Straßenverordnung nahmen auch deren Kommentatoren zur Folgekostenproblematik Stellung. Das energierechtliche Schrifttum ist, soweit ersichtlich, für das spezielle Konkurrenzverhältnis nicht ergiebig.

Noch auf der Grundlage der Verordnung über das Straßenwesen von 1957 setzte sich Hohlwein mit der *Sondernutzung* im Straßenwesen auseinander[273]. Als Kriterium der Sondernutzung bezeichnete Hohlwein – im Einklang mit dem traditionellen deutschen Wegerecht – die Überschreitung des Gemeingebrauchs. Dabei mache es keinen Unterschied, ob die Sondernutzung im gesellschaftlichen oder individuellen Interesse ausgeübt werde:

---

[272] Hierzu unten VI.1.

[273] Die Sondernutzung im Straßenwesen, Die Straße 1968, 556 ff.

„Das ist auch schon deshalb gerechtfertigt, weil jede Sondernutzung, unabhängig davon, wer ihr Rechtsträger ist, auf die Standfestigkeit, Funktionsfähigkeit und den Bestand der Straße in irgendeiner Weise einwirkt und eine Behinderung des Gemeingebrauchs bedeutet. Aus diesem Grunde muß die Straßenverwaltung durch die Pflicht zur Einholung ihrer Zustimmung in allen Fällen die Möglichkeit zur Kontrolle haben sowie dazu, durch Festlegung von Bedingungen und Auflagen den Bestand der Straßenverkehrsanlagen zu sichern und damit die Verkehrssicherheit zu gewährleisten. Dabei wird zuweilen die Frage gestellt, ob die Benutzung des öffentlichen Verkehrsraums durch Versorgungsträger, Verkehrsunternehmen usw., wie die Deutsche Post, die Deutsche Reichsbahn, die Energieversorgung oder die Wasserwirtschaft, denen teilweise durch Gesetz oder Verordnung eine gewisse Berechtigung zur Benutzung der Straße für ihre Zwecke eingeräumt ist, als Sondernutzung im üblichen Sinne angesehen und insofern eine Gleichstellung mit den übrigen Sondernutzern vorgenommen werden kann. Hierauf soll in einem späteren Beitrag im einzelnen eingegangen werden. Soviel sei hier schon gesagt, daß keine prinzipiellen Unterschiede zwischen Sondernutzungen durch Verkehrs- und Versorgungsträger einserseits und Einzelpersonen andererseits bestehen. In allen Fällen ist die Genehmigung der Straßenverwaltung zur Sondernutzung erforderlich."[274]

In dem angekündigten Beitrag[275] betonte Hohlwein erneut, daß es ein originäres Recht gesellschaftlicher Verkehrs- und Versorgungsträger auf Nutzung einer öffentlichen Straße über den Gemeingebrauch hinaus nicht gebe. Vielmehr entstehe die Sondernutzung rechtswirksam in allen Fällen erst mit der Erteilung der *Zustimmung* durch die zuständigen Organe des Straßenwesens. Zur Sondernutzung durch Betriebe der Energieversorgung führte Hohlwein aus:

„Auch die Nutzung von Straßenverkehrsanlagen durch Betriebe der Energieversorgung ist Sondernutzung. Das Typische für diese Sondernutzung liegt darin, daß auf Grund des § 25 der Energiewirtschaftsverordnung vom 18. April 1963 (GBl. II S. 318) eine Duldungspflicht der Organe des Straßenwesens gegenüber der Errichtung, Unterhaltung, Änderung und Beseitigung von Energiefortleitungs- und Verteilungsanlagen besteht. Das bedeutet, daß dem Straßenwesen auch hier eine grundsätzliche Versagung der Sondernutzung nicht möglich ist, daß aber der Energieversorgungsbetrieb die Zustimmung zur Sondernutzung beim zuständigen Organ des Straßenwesens einholen muß. Dies ergibt sich einwandfrei aus § 28 a.a.O., in dem es heißt, daß die Bestimmungen, die bei der Berührung von Energiefortleitungs- und -verteilungsanlagen mit anderen Versorgungsanlagen oder Anlagen des Verkehrswesens zu beachten sind, von den zuständigen zentralen staatlichen Organen erlassen werden. Und diese Bestimmungen sind für das Straßenwesen in § 6 der Verordnung über das Straßenwesen festgelegt. Aus § 28 der Energiewirtschaftsverordnung ist weiter zu entnehmen, daß bei der Berührung (Näherung, Kreuzung und Benutzung) von Energiefortleitungs- und -verteilungsanlagen mit Anlagen des Verkehrswesens bei allen Anlagen der sichere Betrieb und die Mög-

[274] Die Straße 1968, 558.

[275] Die Sondernutzung von Straßenverkehrsanlagen durch Verkehrs- und Versorgungseinrichtungen, Die Straße 1969, 615 ff.

lichkeit der ordnungsgemäßen Unterhaltung zu gewährleisten ist. Hieraus folgt, daß das Straßenwesen der Energieversorgung die Möglichkeit geben muß, die in der Straßenverkehrsanlage untergebrachten Energiefortleitungsanlagen ordnungsgemäß instand zu halten. Auf der anderen Seite leitet sich aber daraus das Recht des Straßenwesens ab, in Einzelfällen die Sondernutzung durch die Energieversorgung nicht zuzulassen beziehungsweise zu dulden, nämlich dann, wenn der sichere Betrieb und die ordnungsgemäße Instandhaltung der Straßenverkehrsanlagen nicht gewährleistet ist. Dies kann zum Beispiel der Fall sein, wenn Leitungsmaste zu nahe an der Fahrbahn aufgestellt werden oder wenn Transformatorenhäuschen in Sichtdreiecken stehen sollen.

Die Duldungspflicht des Straßenwesens ist nicht gleichbedeutend mit einer Sondernutzung durch die Energieversorgung. Vielmehr entsteht die Sondernutzung ebenso wie bei der Deutschen Post und den anderen Sondernutzungsnehmern rechtswirksam erst dann, wenn das zuständige Organ des Straßenwesens seine Zustimmung dazu erteilt hat. Um das Leitungsorgan des Straßenwesens in die Lage zu versetzen, bei seinem Leitungsakt der Zustimmung Art und Weise der Sondernutzung festlegen zu können, muß auch hier wie in den sonstigen Fällen ein schriftlicher Antrag auf Sondernutzung unter Beifügung der erforderlichen Unterlagen gestellt werden. Dabei ist das Straßenwesen berechtigt, die Zustimmung mit dem Vorbehalt des Widerrufes oder mit Auflagen und Beschränkungen zu versehen, wie dies bei anderen Sondernutzungsnehmern auch möglich ist.

Dem Charakter der Sondernutzung widerspricht es, wenn Betriebe der Energieversorgung aus § 27 der Energiewirtschaftsverordnung das Recht ableiten, vom Straßenwesen die Niederlegung oder Ausästung von Straßenbäumen, die in ihrem Leitungsbereich oder in einem bestimmten Abstand von der Achse der Leitung stehen, auf Kosten des Straßenwesens zu verlangen. Als Sondernutzer der Straßenverkehrsanlagen haben die Energieversorgungsbetriebe die Pflicht, ihre Freileitungen instand zu halten, eine Kontrolle über etwaige Gefahrenmomente auszuüben und diese zu beseitigen. Diese Verpflichtung kann niemals Aufgabe der Organe des Straßenwesens sein, die auch nicht über entsprechende Fachkräfte verfügen, um Arbeiten im Leitungsbereich von Energiefortleitungsanlagen auszuführen, die einmal eine Gefährdung durch elektrischen Strom für die arbeitenden Menschen bedeutet und zum anderen zu einer Gefährdung der Energieleitung selbst führen können. Die Bestimmungen der Verordnung über das Straßenwesen vom 18. Juli 1957 sind im übrigen durch die Energieverordnung weder eingeschränkt noch aufgehoben worden. Insbesondere ist § 6 der Verordnung über das Straßenwesen mit seiner Regelung der Sondernutzung lex specialis gegenüber den allgemein gehaltenen Vorschriften des § 27 der Energieverordnung und dadurch vorrangig zur Anwendung zu bringen."[276]

Auch bei vertraglich begründeten Sondernutzungsrechten erklärte Hohlwein die Zustimmung für erforderlich:

[276] Die Straße 1969, 617 f.

„Dabei ändert es nichts an dem Rechtscharakter der Zustimmung als Kriterium für das Wirksamwerden der Sondernutzung, wenn sie aus Vereinfachungsgründen gleich mit in den Vertrag aufgenommen wird."[277]

Auch nach Inkrafttreten der Straßenverordnung von 1978 ging Hohlwein vom Vorrang der Straßenverordnung aus[278].

Auf die Stellungnahmen Hohlweins zum Konkurrenzverhältnis der Straßenverordnung zur Folgeinvestitionsverordnung wurde bereits eingegangen[279]. Hohlwein wies darauf hin, daß in der Praxis die Anwendbarkeit von § 13 Abs. 3 StrVO nach Inkrafttreten der Folgeinvestitionsverordnung zweifelhaft geworden sei[280], gelangte dann aber zum Ergebnis, daß § 13 Abs. 3 StrVO bei Leitungsverlegungen im Zusammenhang mit Instandhaltungs- und Erhaltungsmaßnahmen an öffentlichen Straßen weiterhin anwendbar sein. Der letzte Absatz dieses Beitrags lautet:

„Soweit es sich um Folgemaßnahmen an Sondernutzungsanlagen handelt, gehen die Rechtsvorschriften des § 13 Abs. 3 der Straßenverordnung als lex specialis den allgemein gehaltenen Bestimmungen der Folgeinvestitionsverordnung vor, weil die Sondernutzung im Straßenwesen ein typisches Rechtsinstitut ist, das in anderen Wirtschaftszweigen nach Art und Umfang nicht seinesgleichen hat. Dies gilt auch gegenüber Verkehrsträgern, denen ein grundsätzliches Recht zur Nutzung von Straßenverkehrsanlagen aufgrund spezieller gesetzlicher Bestimmungen eingeräumt ist, solange nicht anderweitige gesetzliche Regelungen erlassen werden."[281]

Die größere Sachnähe des Straßenrechts für die Regelung der Mitnutzung von Straßen und Anliegergrundstücken[282] durch Energiefortleitungsanlagen ergibt sich auch aus der von Hohlwein betonten Verantwortlichkeit der Sondernutzer von Straßenverkehrsanlagen[283].

In dem von *Bönninger* und *Knobloch* verfertigten Grundriß zum Recht der öffentlichen Straßen in der DDR[284] finden sich mehrdeutige Ausführungen zur Folgekostenproblematik. Zur „Sondernutzung durch die Energieversorgung" heißt es zunächst:

---

[277] Wasserrechtliche Bestimmungen für die Planung und Leitung des Straßenwesens, Die Straße 1971, 340 ff. (343).

[278] Zur Rechtsstellung der Anlieger und Grundstücksnutzer an öffentlichen Straßen, Die Straße 1981, 137 ff. (139).

[279] III.2.d) (S. 81 f.).

[280] Die Straße 1980, 272 ff. (272).

[281] Die Straße 1980, 276.

[282] Hierzu Verordnung zur Gewährleistung von Sicherheit und Ordnung in der Umgebung von Verkehrsanlagen vom 13.12.1978 (GBl. I 1979 Nr. 2 S. 9).

[283] Die Verantwortlichkeit für Pflichtverletzungen gegenüber den Rechtsträgern der Straßen und Maßnahmen zur Durchsetzung von Pflichten, Die Straße 1982, 209 ff. (211).

[284] Das Recht der öffentlichen Straßen, 1978.

„Grundsätzlich steht fest, daß die Nutzung der öffentlichen Straßen durch die Versorgungsanlagen der Energieversorgung eine Sondernutzung ist. Dabei kann es sich um Kabel der Elektroenergie, um Freileitungen, um Gasleitungen sowie um die verschiedenen Schächte zu den einzelnen Leitungen handeln.

In § 28 der VO über die Energiewirtschaft in der DDR – Energieverordnung – vom 9.9.1976 (GBl. I S. 441) ist im Zusammenhang mit der 5. DB zur Energieverordnung – Grundstücksbenutzung – vom 10.9.1976 (GBl. I S. 461) eine eingehende Regelung enthalten, welche Rechte die Energieversorgung bei der Nutzung von Grundstücken hat.

So ist nach § 28 Abs. 1 EnVO der Energieversorgungsbetrieb berechtigt, Grundstücke dauernd oder vorübergehend für Anlagen zum Leitungstransport, zur Umspannung, Umformung von Elektroenergie, Gas- und Wärmeenenergie mit zu benutzen. Damit besteht für die Energiebetriebe ein Recht, auch Straßenland mitbenutzen zu dürfen; die Mitbenutzung ist grundsätzlich zu vereinbaren. Bei Mitbenutzung hat der Energieversorgungsbetrieb gemäß § 3 der 1. DB zur EnVO den Schutz von Personen und Sachen vor den von Energiefortleitungsanlagen ausgehenden Gefahren sowie den sicheren Betrieb der Energiefortleitungsanlagen zu gewährleisten.

Damit steht fest, daß ein generelles Versagen von Sondernutzungsanträgen gegenüber den Betrieben der Energieversorgung seitens des Straßenwesens nicht zulässig ist, daß jedoch hinsichtlich der genauen Lage der Anlagen, des Zeitpunktes des Aufbruchs der Straße, der Instandhaltung der Anlagen usw. Auflagen und Bedingungen seitens des Straßenwesens gestellt werden können.

Noch zu berücksichtigen ist, daß es sich bei dieser Ausnahmeregelung nach der Energieverordnung nur um die Energiefortleitungsanlagen handelt.“[285]

Schon diese Passagen sind widersprüchlich. Die „Ausnahmeregelung“ der Energieverordnung von 1976 wird offenbar nicht als lex specialis verstanden, sondern neben § 13 StrVO für anwendbar gehalten, weil andernfalls ein „Versagen von Sondernutzungsanträgen“ schwer möglich wäre. Daß Bönninger und Knobloch auch bei Sondernutzungen durch die Energieversorgung eine Zustimmung für erforderlich halten, zeigt auch folgendes von ihnen angeführte Beispiel:

„Eine Betrieb stellt einen Antrag, eine Leitung quer durch eine Fernverkehrsstraße zu verlegen. Der VEB Bezirksdirektion des Straßenwesens erteilt die Zustimmung unter der Bedingung, daß die Verlegung als Durchbohrung erfolgt, also die Fahrbahn nicht aufgegraben werden darf. Als Begründung hierbei gibt er an, daß der Fahrbahnbelag erst vor kurzem aufgebracht worden sei; außerdem sei die F-Straße so stark belegt, daß eine Umleitung volkswirtschaftlich unvertretbar sei. Ist der Betrieb mit der Auflage nicht einverstanden, dann kann er beim Rat des Bezirks gegen die Entscheidung Einspruch einlegen. Die Erhebung einer Klage beim Verwaltungsgericht kommt nicht in Betracht.“[286]

---

[285] Recht der öffentlichen Straßen, S. 69.

[286] Recht der öffentlichen Straßen, S. 74.

Das Beispiel dient zugleich als Beleg für die sich nach 1978 allmählich durchsetzende Ansicht, daß die Zustimmung zur Sondernutzung auch bei Delegierung der Rechtsträgeraufgaben auf Betriebe eine verwaltungsrechtliche Maßnahme blieb[287]. Auffallend unbestimmt äußern sich Bönninger und Knobloch auch im Hinblick auf die „Pflichten der Sondernutzer gegenüber den Rechtsträgern der Straße bei Veränderungen der Straße“:

> „Führen die Rechtsträger der Straße Maßnahmen der Instandhaltung, Erhaltung und Erweiterung der bestehenden öffentlichen Straßen durch, dann haben gem. § 13 Abs. 3 StrVO die Sondernutzer Folgemaßnahmen an ihren Anlagen auf eigene Kosten durchzuführen.
>
> Eine Brücke muß neu gebaut werden, da das bisherige Bauwerk baufällig ist. Über die Brücke verläuft als Sondernutzung ein Postkabel. Dieses ist durch die Deutsche Post während der Bauzeit auf ihre Kosten zu verlegen. Für die Verlegung der Leitung in die neue Brücke ist eine Änderung der Sondernutzung erforderlich.
>
> Bei der Regelung der Finanzierung ist zu beachten, daß nach der genannten gesetzlichen Bestimmung der Rechtsträger der Straße den Zeitwert der zu beseitigenden Teile der Sondernutzungsanlage zu ersetzen hat. Abzuziehen ist dabei der Wert für die wiederverwendungsfähigen Anlageteile.
>
> Wegen der Verbreiterung der Straße muß eine Wasserleitung verlegt werden. Dem VEB Wasserversorgung und Abwasserbehandlung als Sondernutzer der Straße ist der Zeitwert der zu entfernenden Wasserleitung zu ersetzen. Er trägt die Kosten der Neuverlegung.
>
> Ein Betrieb hat eine Rohrbrücke als Sondernutzungsanlage über eine zweispurige Straße errichtet. Da die Straße vierspurig ausgebaut wird, muß die Rohrbrücke entfernt werden. Der Rechtsträger der Straße ersetzt dem Sondernutzer den Zeitwert der Anlage. Da aber Teile dieser Anlage an anderer Stelle wiederverwendet werden können, verringert sich der zu zahlende Betrag um den Wert der Teile, die wiederverwendet werden.
>
> Die Durchsetzung dieser gesetzlichen Bestimmungen ist nicht ohne Probleme. Einmal ist in Rechtsvorschriften der Sondernutzer im gesellschaftlichen Interesse eine andere Verfahrensweise vorgesehen. Heißt es doch in § 31 Energieverordnung vom 9.9.1976, daß auf Antrag des Rechtsträgers des von der Energiefortleitungsanlage betroffenen Grundstücks die Verlegung der Leitung verlangt werden kann. Der Antragsteller, also der Rechtsträger des Grundstücks, hat grundsätzlich alle durch die Verlegung entstehenden Aufwendungen zu tragen. Diese Regelung hat auch auf die vorübergehende Verlegung, namentlich wegen Baumaßnahmen an der Straße, entsprechende Anwendung zu finden.
>
> Die Durchführung der Verlegung von Sondernutzungsanlagen auf Kosten der Sondernutzer berührt das gesamte Problem der Folgeinvestitionen überhaupt. Es geht um die Bereitstellung der materiellen und finanziellen Kennziffern, die innerhalb der Wirtschaftszweige langfristig, nämlich in 5-Jahr-Plänen, geplant werden muß. Dabei hat sich gezeigt, daß die Bereitstellung finanzieller Mittel noch die ge-

---

287 Recht der öffentlichen Straßen, S. 73.

ringsten Schwierigkeiten bereitet. Erst bei eindeutiger Definition des Begriffes der ‚Folgeinvestition' in der Investitionsgesetzgebung wird eine konsequente Durchsetzung der in der Straßenverordnung vorgesehenen Regelung ermöglicht."[288]

Der letzte Absatz zeigt, daß Bönninger und Knobloch keineswegs einen Vorrang der „anderen Verfahrensweise" nach der Energieverordnung propagieren, sondern lediglich auf Konkurrenzprobleme hinweisen wollten und an den Gesetzgeber appellierten, die Durchsetzung der Straßenverordnung sicherzustellen. Die späteren Änderungen der Energieverordnung trugen diesem Ansinnen Rechnung.

Während *Lößnitz* im Kommentar zur Straßenverordnung die Zustimmung zur Sondernutzung noch als zivilrechtliche Rechtsträgeraufgabe qualifiziert hatte[289], ordnete *Hammer*[290] die Zustimmung im Anschluß an Bönninger und Knobloch den staatlichen Aufgaben zu und unterschied zwei Hauptarten der Sondernutzung, nämlich die Sondernutzung als spezifische Form des Fahrzeug- oder Fußgängerverkehrs, die über das verkehrsübliche Maß hinausgeht, und die Mitbenutzung des Straßengrundstücks im gesellschaftlichen oder individuellen Interesse[291]. Leitungsverlegungen in der Straße seien überwiegend Sondernutzungen im gesellschaftlichen Interesse, für die nach § 13 Abs. 4 StrVO in Rechtsvorschriften Besonderheiten geregelt werden könnten. Bisher (1987) bestünden solche Regelungen nur für die Deutsche Post[292]. Ob § 49 EnVO im Sinne Hammers eine derartige besondere Regelung darstellte, erscheint zweifelhaft, da Hammer auch zum Verhältnis der Straßenverordnung zur Folgeinvestitionsverordnung eine differenzierende Lösung vertrat[293]. Auch Hammer sprach sich für den Vorrang der Straßennutzung aus:

> „Für beide Arten der Sondernutzung gilt, daß unter allumfassender Abwägung der beiderseitigen Interessen die Zweckbestimmung der Straße und die Gewährleistung ihrer öffentlichen Nutzung den Vorrang haben müssen."[294]

Die DDR-Juristen, die sich mit dem Spannungsverhältnis von straßen- und energierechtlichen Vorschriften befaßten, wiesen somit auf Meinungsverschiedenheiten in der Praxis hin, vermieden es gelegentlich, sich eindeutig festzulegen, sprachen sich aber niemals für eine vollständige Verdrängung der Straßenverordnung durch eine der verschiedenen Energieverordnungen

---

[288] Recht der öffentlichen Straßen, S. 80 f.

[289] Kommentar zur Straßenverordnung, S. 49 ff.

[290] Die Regelung der Verordnung über die öffentlichen Straßen für die Sondernutzung und für Gebäude und bauliche Anlagen an Straßen, Die Straße 1987, 378 ff.

[291] Die Straße 1987, 379.

[292] Die Straße 1987, 380.

[293] Vgl. oben Fußn. 248.

[294] Die Straße 1987, 379.

aus. Im Schrifttum und in der Praxis dürfte sich nach einer Phase, in der der Vorrang der Straßenverordnung betont wurde, die Zweiteilung von Instandhaltungs- und Änderungsmaßnahmen auf der einen und Neubaumaßnahmen auf der anderen Seite durchgesetzt haben. Nur bei Neubaumaßnahmen hatten die Rechtsträger der Straße die Leitungsverlegungskosten als Folgeinvestitionen zu finanzieren.

c) Aktueller Streitstand

Im energiewirtschaftlich orientierten Schrifttum haben sich mit dem Konkurrenzverhältnis *Seeliger* und *Ronnacker* beschäftigt. Die Gegenposition vertreten *Kempfer* und *Schlosser*. Der Standpunkt des Bundesministers für Verkehr ergibt sich aus den „Vorläufigen Hinweisen zur Behandlung der Mitbenutzung von Bundesfernstraßen durch Leitungen in den neuen Bundesländern“[295]. Die Rechtsprechung der Instanzgerichte in den neuen Bundesländern zur Folgekostenproblematik hat noch keine klare Konturen gewonnen.

Von Seeliger liegen zwei einschlägige Beiträge vor. In seinem ersten Beitrag[296] behandelt Seeliger die Rechtslage sowohl in den alten[297] wie auch in den neuen Bundesländern[298]. Was die Rechtslage bei den Autobahnen und Fernverkehrsstraßen anbelangt, wird nach Seeliger die Frage der Folgekostenpflicht bei der Verlegung von Energiefortleitungsanlagen nicht in der Straßenverordnung, sondern „entgegen der gewichtigen Argumente der Befürworter eines Vorranges der StrVO in der Energieverordnung zugunsten der VU geregelt“[299]. Zur Begründung analysiert Seeliger Wortlaut und Regelungszusammenhang von Straßenverordnung und Energieverordnung. Aus § 3 Abs. 4 Satz 2 in Verbindung mit Abs. 1 zweiter Tiret StrVO ergebe sich, daß die Mitbenutzung der Straßen durch Energiefortleitungsanlagen eine Sondernutzung darstelle. Abgesehen von der Vorschrift des § 13 Abs. 2 Satz 1 StrVO, wonach Energiefortleitungsanlagen in sicherem Zustand zu halten sind, erschöpfe sich die Straßenverordnung hinsichtlich der Regelungen über Energiefortleitungsanlagen mit dieser Definition. Schon aus §§ 13 Abs. 4, 16 Abs. 1 Satz 1 StrVO gehe hervor, daß für Sondernutzungen im gesellschaftlichen Interesse besondere Rechtsvorschriften gelten sollten. § 13 Abs. 3 StrVO behandelt allgemein die Folgepflicht und Folgekostenpflicht der Anlagen der Sondernutzer. Als derartige Anlagen kämen andere Anlagen

---

[295] Zit.: „Hinweise Ost.“

[296] Aktuelle wegerechtliche Fragen in den alten und neuen Bundesländern, gwf 1992, 602 ff.

[297] gwf 1992, 603 ff. unter 1.

[298] gwf 1992, 605 ff. unter 2.

[299] gwf 992, 605 unter 2.1.2.

wie Grundstücksein- und -ausfahrten, Haltestelleneinrichtungen sowie Rast- und Werbeelemente in Betracht, mit denen Energiefortleitungsanlagen mit Rücksicht auf den ungleich höheren finanziellen Aufwand bei der Verlegung nicht vergleichbar seien. Für Energiefortleitungsanlagen gelte es zu fragen, ob die Folgekostenpflicht nicht spezialgesetzlich geregelt sei.[300] Zur spezialgesetzlichen Regelung gelangt Seeliger über einen Umweg. Um nachzuweisen, daß § 13 StrVO keine abschließende Regelung enthalte, unterschiebt Seeliger § 13 Abs. 1 Satz 1 StrVO einen Sinn, der schon vom Wortlaut der Vorschrift her äußerst problematisch ist: Der grammatikalisch schwer verständliche Satz, „soweit sich das nicht bereits aus anderen Vorschriften ergibt", wird dahingehend interpretiert, daß sich das „das" auf das Zustimmungserfordernis des Rechtsträgers der Straße bezieht. Nach Seeliger war also zu DDR-Zeiten die Zustimmung zur Sondernutzung nach § 13 Abs. 1 StrVO entbehrlich, sofern sich aus Sonderbestimmungen das Mitbenutzungsrecht der öffentlichen Straßen ergab. Grammatikalisch ist der Soweit-Satz aber durchaus nicht schwer verständlich gefaßt: Was sich aus anderen Vorschriften ergibt, kann eigentlich nur das Zustimmungserfordernis zur Sondernutzung sein. Seeliger muß somit in Wahrheit gegen den Gesetzeswortlaut argumentieren, was nur möglich ist, wenn es wirklich Spezialvorschriften gab, die ausdrücklich zur Sondernutzung berechtigten. Solche Vorschriften sucht Seeliger denn auch aufzuspüren. Zunächst zieht er hierbei § 43 Energieverordnung 1969 heran[301], der jedoch gerade nicht eindeutig formuliert ist[302]. Obendrein steht § 43 Energieverordnung 1969 im Abschnitt V über die „Planung, Errichtung und Stillegung von Energieanlagen", hatte also mit der Begründung von Sondernutzungen nichts zu tun. Die Mitnutzung von Grundstücken für Zwecke war stattdessen in Abschnitt VIII der Energieverordnung geregelt. Wie ausgeführt beruhte § 48 Energieverordnung 1969 auf dem Konzept vertraglich begründeter Sondernutzungsrechte[303]. Daß ein Mitbenutzungsvertrag nach § 48 Abs. 1 Energieverordnung 1969 die straßenrechtliche Zustimmung zur Sondernutzung erübrigte, behauptet Seeliger selbst

---

[300] gwf 1992, 606 unter 2.2.2.1.1.

[301] gwf 1992, 606 unter 2.1.2.1.3.

[302] Die Vorschrift lautet:

(1) Bei der Berührung (Näherung, Kreuzung und Benutzung von Energiefortleitungsanlagen mit anderen Versorgungsanlagen, Fernmeldeanlagen sowie Anlagen des Verkehrswesens sind bei allen Anlagen der sichere Betrieb und die Möglichkeit der ordnungsgemäßen Unterhaltung zu gewährleisten.

(2) Die Bestimmungen, die bei der Berührung von Energiefortleitungsanlagen gemäß Abs. 1 zu beachten sind, sind vom Minister für Grundstoffindustrie und den Leitern der zuständigen zentralen Staatsorgane zu erlassen, sofern hierfür nicht Standards bestehen.

(3) Bei der Beeinflussung von Fernmeldeanlagen durch Energiefortleitungsanlagen gelten die Rechtsvorschriften des Abschnitts V des Gesetzes vom 3. April 1959 über das Post- und Fernmeldewesen (GBl. I S. 365).

[303] Oben III.2.b) (S. 61 ff.).

nicht. Dafür springt er unmittelbar von § 43 Energieverordnung 1969 zu § 49 Energieverordnung 1969[304]. Auf diese Weise wird die Beweiskette durchbrochen. Die Folgekostenregelung des § 49 Energieverordnung 1969 kann nur dann lex specialis im Verhältnis zur straßenrechtlichen Regelung sein, wenn die straßenrechtliche Sondernutzungsregelung in toto verdrängt ist. Den Nachweis hierfür bleibt Seeliger jedoch schuldig. Damit bricht auch die weitere Argumentation in sich zusammen. Seeliger schließt nämlich von § 49 Energieverordnung 1969 auf § 22 Energieverordnung 1976 und 1980, der wiederum die Errichtung, Änderung und Stillegung von Energieanlagen betrifft und zudem auch noch ausdrücklich auf die straßenrechtlichen Vorschriften verweist[305]. Den vorangegangenen Bruch im Gedankengang behebt Seeliger auch nicht dadurch, daß er sich einen neuen Bruch leistet. § 49 Energieverordnung 1976 – den es im übrigen nicht gab, gemeint ist wohl § 28 Energieverordnung 1976 bzw. § 29 Energieverordnung 1980 – soll nunmehr in seinem Bereich nicht mehr von § 22 Energieverordnung 1976 und 1980 berührt worden sein. Nur für § 22 Abs. 2 Energieverordnung von 1976 und 1980 sei § 13 Abs. 2 StrVO anwendbar geblieben, während die Folgepflicht und Folgekostenpflicht abschließend in der Energieverordnung geregelt gewesen sei[306]. Neben diesen reichlich verworrenen dogmatischen Aussagen bemüht Seeliger eine historische Auslegung[307], die von allen energierechtlichen Normierungen von der Anordnung vom 10. September 1954[308] bis zur Energieverordnung von 1988[309] reicht, die letzte Änderung der Energieverordnung übersieht[310], die Entwicklung des Straßenrechts unberücksichtigt läßt und von daher wertlos ist. Auch die systematische Auslegung[311] wird dem Spannungsverhältnis von Straßenwesen und Energieversorgung nicht gerecht, weil sie die Belange der Energieversorgung verabsolutiert. Gleichwohl macht Seeliger

---

[304] gwf 1992, 605 unter 2.1.2.1.4.

[305] Die Vorschrift lautet:

(1) Bei der Berührung von Energiefortleitungsanlagen mit Fernmeldeanlagen, Verkehrsanlagen, Gewässern, wasserwirtschaftlichen Anlagen und anderen Versorgungsanlagen sind bei allen Anlagen der sichere Betrieb bzw. die sichere Benutzung und die Möglichkeiten ordnungsgemäßer Instandhaltung zu gewährleisten.

(2) Bei der Beeinflussung von Fernmeldeanlagen durch Energiefortleitungsanlagen gelten die speziellen Vorschriften über das Post- und Fernmeldewesen. Bei der Berührung von Energiefortleitungsanlagen mit öffentlichen Straßen gelten neben dem Absatz 1 die auf der Grundlage der Vorschriften über das Straßenwesen erlassenen besonderen Vorschriften.

[306] gwf 1992, 607 unter 2.1.2.1.5.

[307] gwf 1992, 607 f. unter 2.1.2.1.6.

[308] Oben III.2.b) (S. 58 ff.).

[309] Oben III.2.b) (S. 68 ff.).

[310] Oben mit Fußn. 210. Der Beitrag endet mit dem Hinweis: Manuskripteingang: 7.10. 1992!

[311] gwf 1992, 608 f. unter 2.1.2.1.7.

diesen Aspekt zum Ausgangspunkt seines zweiten Beitrags, in welchem gleich zu Beginn der Vorrang der Energieverordnung herausgestrichen wird[312]. Im einzelnen unterscheidet Seeliger hier die „Mitbenutzung von Straßen durch Energieversorgungsleitungen" und „Berührungen von Leitungen in der grünen Wiese". Im Teil über die Mitbenutzung der Straßen setzt Seeliger sich mit der Zustimmung nach § 13 StrVO auseinander. Zum Rechtscharakter der Zustimmung führt Seeliger aus, die Zustimmung sei schon in der DDR dem Verwaltungsrecht zugeordnet worden, so daß sie heute die Kriterien des § 35 Abs. 1 VwVfG erfülle[313]. Inhaltlich müßten Zustimmungen aufgrund der Straßenverordnung von 1957 und der Straßenverordnung von 1974 auseinandergehalten werden. Bei der Straßenverordnung von 1957 seien zum Teil Zustimmungen erteilt worden, die einen Widerrufsvorbehalt und eine ausdrückliche Folgekostenpflicht zu Lasten der Versorgungsunternehmen vorsahen. Die Zustimmungen aufgrund der Straßenverordnung von 1974 hätten eine derartige Folgekostenpflicht nicht ausdrücklich vorgesehen, weshalb sich die Frage stelle, ob hier nicht die Regelung des § 48 Abs. 2 in Verbindung mit § 31 Abs. 3 EnVO 1988 anwendbar sei[314]. Die Frage beantwortet Seeliger mit einem weiteren Bekenntnis zum Vorrang der Energieverordnung als lex specialis und lex posterior gegenüber der Straßenverordnung, für das er sechs Argumente anführt[315]:

- *Erstens* behielten die §§ 13 Abs. 4, 16 Abs. 3 StrVO die Regelungen der im gesellschaftlichen Interesse erforderlichen Sondernutzungen einer besonderen Regelung vor, nämlich der Energieverordnung.
- *Zweitens* sei es die Intention der Energieverordnung, ein umfassendes System der Versorgung der Bevölkerung mit Energie sicherzustellen. Zu einem derart geschlossenen System passe es nicht, wichtige Vorschriften wie die Folgekostenregelung beim Zusammentreffen von Verkehrswegen und Versorgungsleitungen aus dem Gesetzesbereich auszuklammern und in einem anderen Gesetz zu regeln, das zu der Energieverordnung diametral entgegengesetzte Regelungen festschreibe.

---

[312] Der Gedankengang wird dadurch beeinflußt, daß offensichtlich die Abschnitte B 3 und 4 vertauscht sind. Die Überschriften sind korrekt und entsprechend dem Gedankengang. Der zugeordnete Text paßt aber nicht. Aus dem Zusammenhang gerissen ist auch der Vorspann zur Rechtsnatur der Zustimmung nach § 13 StrVO („Es ist aber zweifelhaft, ob der Vorbehalt in § 13 Abs. 3 StraVO nicht bereits dazu führt, daß für die Sondernutzung durch Energiefortleitungsanlagen § 13 StraVO unanwendbar ist und statt dessen die gesetzlichen Mitbenutzungsrechte nach der Energieverordnung gelten. Denn die StraVO erschöpft sich hinsichtlich der Regelung über Energiefortleitungsanlagen mit deren Definition, abgesehen von der Vorschrift, daß Energiefortleitungsanlagen nach § 13 Abs. 2 Satz 1 StrVO in sicherem Zustand zu halten sind." (RdE 1993, 104 unter 1.)

[313] RdE 1993, 104 f. unter 1.

[314] RdE 1993, 195 unter 2.

[315] RdE 1993, 106.

- *Drittens* ergebe sich dies um so mehr, als § 13 Abs. 1 StrVO in Verbindung mit § 9 der 1. DB zur StrVO Energieversorgungsleitungen nur als eine von vielen verschiedenen Möglichkeiten der Sondernutzung als solche definiere. Im selben Atemzug wie mit erheblichem finanziellen Aufwand erstellte Energiefortleitungsanlagen würden die anderen Arten der Sondernutzung wie das Instandhalten von Grundstücksein- und -ausfahrten oder kleine Kioske genannt. Es erscheine nicht vorstellbar, daß der Verordnungsgeber der DDR Investitionen derart unterschiedlicher Größenordnung ohne jede Differenzierung einer Folgekostenpflicht zu Lasten des Sondernutzers habe zuordnen wollen.
- *Viertens* stütze die historische Auslegung diese Auffassung.
- *Fünftens* schließlich sei die Energieverordnung das spätere Gesetz. Die Energieverordnung habe die Mitbenutzung von Straßengrundstücken mitregeln wollen, da sie trotz Straßenverordnung eine Ausnahmeregelung nicht getroffen habe.

Das erste Argument stellt eine petitio principii dar. Die Energieverordnung wird in der Straßenverordnung nicht erwähnt. Das zweite Argument fällt auf Seeliger zurück: Gerade weil die Energieverordnung eine umfassende Regelung trifft, ist sie die generellere Norm. Im übrigen läßt sich das Argument umdrehen. Man könnte nämlich auch behaupten, daß es Intention der Straßenverordnung ist, ein umfassendes System der Versorgung der Bevölkerung mit Straßen sicherzustellen. Im geschlossenen System der Straßennutzungen stellen dann Ausnahmen zugunsten der Energieversorgungsunternehmen Fremdkörper dar. Damit wird auch das vierte Argument gegenstandlos; wenn die Straßenverordnung alle Formen der Sondernutzung umfassend regeln will, kommt es nicht auf das Gewicht und die Bedeutung der einzelnen Sondernutzungsformen an. Ähnliches gilt für die Systematik des § 8 FStrG. Das vierte Argument, die historische Auslegung, bedarf noch der näheren Würdigung[316]. Im vorliegenden Zusammenhang genügt erneut der Hinweis, daß die von Seeliger vorgenommene historische Auslegung defizitär und damit falsch ist, weil nur die Entwicklung der energierechtlichen Vorschriften im engeren Sinn berücksichtigt wird. Das abschließende fünfte Argument besteht aus einer Leerformel. Die spätere verdrängt die frühere Norm nur bei identischem Regelungsgegenstand. So ersetzte die Energieverordnung von 1988 ihre Vorgänger[317]. Die Straßenverordnung betraf dagegen eine völlig andere Materie. Falls die Energieverordnung Vorschriften der Straßenverordnung hätte aufheben wollen, hätte sie diese Vorschriften in ihren Übergangsvorschriften ausdrücklich aufführen müssen. Eine Ausnahmereglung im Hinblick auf den Fortbestand von § 13 StrVO mußte die Energieverordnung demgegenüber

---

[316] Unten VI.2.b).

[317] Vgl. oben III.2.b) (S. 68).

nicht treffen, da die Straßenverordnung in vollem Umfang weiterhin gültig blieb.

Seeliger scheint seine eigene Beweisführung selbst nicht ganz geheuer zu sein, besteht doch die Gefahr, daß die Rechtsgrundlage für die Fortleitungsrechte entfällt, wenn man die Straßenverordnung allzu sehr in den Hintergrund drängt. Dieser Gefahr begegnet Seeliger nach der bewährten Methode des „Rosinen-Pickens“: Bei der Zustimmung zur Mitbenutzung von Straßen handele es sich um einen Verwaltungsakt mit Doppelwirkung. Die begünstigende Wirkung, die Berechtigung zur Sondernutzung, soll sich nach DDR-Recht richten. Für die belastende Wirkung, also für die Folgekosten komme es darauf an, ob diese auch heute noch geltend gemacht werden könnten. Dies sei wegen des Vorrangs der Energieverordnung nicht der Fall. Damit gelangt Seeliger zu folgendem Zwischenergebnis:

> „Die Zustimmung hat zwei Regelungsinhalte: Sie gestattet den Versorgungsunternehmen die Mitbenutzung der Straße. Sie bürdet den Trägern der Straßenbaulast die Folgekostenpflicht bei straßenbaubedingten Leitungsänderungen auf und kann deswegen keine Grundlage eines etwaigen Anspruchs sein, mit dem Träger der Straßenbaulast im Rahmen von Vorfinanzierungsvereinbarungen oder sonstigen vertraglich nicht geregelten Fällen etwa verauslagte Umlegungskosten zurückfordern können“[318].

Die Inkonsistenz des Zwischenergebnisses ist so offensichtlich, daß Seeliger eine innere Verteidigungslinie aufbaut: Halte man nicht den Vorrang der Energieverordnung vor den Regelungen der Straßenverordnung über die Folgekostenpflicht für gegeben, so stelle sich die Frage nach dem Inhalt der fortgeltenden Verwaltungsentscheidungen. Gegen die früher von Hammer[319] vertretene weite Auslegung der Folgekostenpflicht spreche, daß die Straßenverordnung für Bundesautobahnen und Bundesfernstraßen nach Inkrafttreten des Bundesfernstraßengesetzes (im Beitrittsgebiet) nicht mehr gelte. In diesem Zusammenhang greift Seeliger erneut sein Rosinen-Argument auf. Nur der gestattende Teil der Zustimmung wirke als Verwaltungsakt mit Dauerwirkung fort, während das Leistungsbegehren des Straßenbaulastträgers sich in dem Moment konkretisiere, in dem es gestellt werde. In diesem Moment müsse eine Rechtsgrundlage für das Leistungsbegehren gegeben sein, das nicht in der Zustimmungserklärung gesehen werden könne, da die Straßenverordnung seit dem 3.10.1990 für Autobahnen und Bundesstraßen nicht mehr gelte[320]. Darüber läßt sich streiten, auch wenn Seeliger sich ohne Not und zu Unrecht auf die Figur des Verwaltungsakts mit Dauerwirkung einläßt. Sollte aber nach dem 3.10.1990 die Straßenverordnung als Anspruchsgrund-

---

[318] RdE 1993, 107.

[319] Oben III.2.c) (S. 78).

[320] RdE 1993, 107 unter 5.

lage für Folgekosten im Zusammenhang mit der Verlegung von Bundesfernstraßen nicht mehr in Betracht kommen, so kann das nur bedeuten, daß dann die Rechtsgrundsätze Anwendung finden, die für die Auslegung von § 8 Abs. 10 FStrG entwickelt worden sind. Dann ist die Folgekostenpflicht die Gegenleistung für die unentgeltliche Straßennutzung. Die durch Aufhebung der Straßenverordnung entstandene Regelungslücke bei Bundesfernstraßen kann keineswegs durch die Energieverordnung geschlossen werden, weil andernfalls eine widersinnige Ungleichbehandlung von Bundesfernstraßen in den alten und neuen Bundesländern und von Bundesfernstraßen und sonstigen Straßen unvermeidbar wäre..

Ronnacker[321] hält die „auf den ersten Blick naheliegende Lösung", für die vor dem 3. Oktober 1990 begründeten Mitbenutzungsverhältnisse die Straßenverordnung heranzuziehen, für fraglich, da auch die Energieverordnung Mitbenutzungsrechte einräume[322]. Eine eingehende Analyse der betroffenen Rechtsgebiete zeige, daß von einer Begründung des Mitbenutzungsrechts aus der Energieverordnung auszugehen sei. Die Analyse beginnt mit einer Wortinterpretation. Die Regelungsbefugnis nach § 13 Abs. 4 Satz 1 StrVO verweise ebenso wie § 16 Abs. 1 Satz 2 StrVO auf Sondervorschriften für Energiefortleitungsanlagen. Eine derartige Vorschrift enthalte § 59 EnVO[323]. Bereits aus der Überschrift dieser Bestimmung („weitere Vorschriften"), wie auch aus der Formulierung „im übrigen" in Satz 2 sei ersichtlich, daß die „dafür erlassenen Rechtsvorschriften" nur ergänzend neben der Energieverordnung Anwendung finden sollten[324]. Dieses Argument ist schlechterdings nicht nachvollziehbar. Nach dem eindeutigen Wortlaut der Vorschrift ergänzt § 69 EnVO die beispielsweise für das Straßenwesen erlassenen Vorschriften und nicht umgekehrt. Daß § 69 eine abschließende, nur auf Ergänzung angelegte Vorschrift auf den Gebieten des Fernmelde-, Verkehrs- und Wasserwirtschaftsrechts gewesen sei, kann nicht ernsthaft behauptet werden. Der Schuß

---

[321] Zur Rechtslage bei Kreuzungen von Versorgungsleitungen und öffentlichen Straßen in den neuen Bundesländern, RdE 1993, 10 ff.

[322] RdE 1993, 12.

[323] Die Vorschrift lautet:
Weitere Vorschriften
(1) Die für Kernkraftwerke erlassenen Rechtsvorschriften werden von dieser Verordnung nicht berührt.
(2) Bei allen Anlagen sind der sichere Betrieb und die sichere Benutzung sowie die Möglichkeit ordnungsgemäßer Instandhaltung zu gewährleisten, wenn
– Fernmelde-, Verkehrs- oder wasserwirtschaftliche Anlagen mit Energiefortleitungsanlagen mitgenutzt werden oder
– Energiefortleitungsanlagen sich Fernmelde-, Verkehrs- oder wasserwirtschaftlichen Anlagen nähern.
Im übrigen gelten die dafür erlassenen Rechtsvorschriften.

[324] RdE 1993, 13.

von Ronnacker ging nur deswegen nicht nach hinten los, weil § 69 EnVO ohnehin im Abschnitt 5 („Errichten, Betreiben und Schutz von Energieanlagen“) steht, mit der im Abschnitt 3 geregelten Mitnutzung von Verkehrsflächen durch Energiekombinate bzw. Energieversorgungsunternehmen also gar nichts zu tun hat. Die systematische Auslegung spricht somit dagegen, den „Schutz von Energieanlagen“ vor Folgekosten kurzerhand über § 69 Abs. 2 Satz 2 EnVO auf die Straßenverordnung zu übertragen. Die Wortinterpretation von Ronnacker würde aber durchaus diesen Weg öffnen. Um eine systematische Argumentation bemüht sich freilich auch Ronnacker, indem er die Unterschiede von § 48 und § 29 EnVO 1988 betont[325]. Hinsichtlich der Folgekosten wurden diese Unterschiede aber mit Wirkung zum 30. Juni 1990 beseitigt. Seither galt im Rahmen der Energieverordnung einheitlich das Veranlasserprinzip. Für das Verhältnis der Energieverordnung – gleichgültig, ob die Fassung von 1988 und 1990 gemeint ist – zur Straßenverordnung besagt diese systematische Auslegung nichts, weshalb Ronnacker auch in diesem Zusammenhang § 59 Abs. 2 Satz 2 EnVO bemüht. Darüber hinaus interpretiert Ronnacker – wie bereits dargelegt zu Unrecht[326] – § 48 Abs. 1 EnVO als gesetzliches Mitbenutzungsrecht. Eine im Widerspruch zur üblichen Zulassungspraxis stehende völlige Verdrängung von § 13 Abs. 1 Satz 1 StrVO nimmt aber auch Ronnacker nicht an. Wenn aber Raum für Zustimmungen nach § 13 Abs. 1 Satz 1 StrVO blieb, ist nicht dargetan, weshalb die Folgekostenregelung der Straßenverordnung nicht auch anwendbar bleiben sollte.

Laut *Kempfer* sind nach bisherigem Kenntnisstand die Sondernutzungen des § 13 StrVO, soweit der gesetzliche Sondernutzungstatbestand erfüllt war, regelmäßig unter Verwendung des Formulars „Genehmigung zur Sondernutzung von Straßen“ förmlich erteilt worden[327]. Nach § 13 Abs. 3 Satz 1 StrVO hätten bei Maßnahmen der Instandhaltung, Erhaltung und Erweiterung an bestehenden Straßen die Sondernutzer die erforderlichen Folgemaßnahmen an ihren Anlagen auf eigene Kosten durchzuführen gehabt. Es stelle sich aber die Frage, ob diese Regelung durch spätere gesetzliche Regelungen zum Nachteil der Straßenbauverwaltungen geändert worden sei. Ob durch die Folgeinvestitionsverordnung insofern eine Änderung eintrat, könne aber dahinstehen, da diese Verordnung 1990 aufgehoben worden sei[328]. Kempfer stellt daher zutreffend auf das Konkurrenzverhältnis zur Energieverordnung ab. Aus § 31 EnVO läßt sich nach Kempfer nicht eindeutig erkennen, ob das

---

[325] Ebd.

[326] Oben Fußn. 221.

[327] In: *Eiser/Riederer/Obernolte*, V Wege, S. 25e, sowie in: *Kodal/Krämer*, S. 733 (Rdnr. 98 ff.)

[328] Ebd., S. 25h.

Recht auf Mitbenutzung einschließlich der Regelung des § 31 Abs. 3 auch für Straßengrundstücke gelte. Die generelleren Vorschriften seien sicher die der Energieverordnung. Wenn auch § 48 Abs. 1 Satz 1 und § 29 Abs. 1 Satz 1 EnVO ein Mitbenutzungsrecht für den Energieträger schlechthin vorsähen, so entstehe dieses doch erst nach Vereinbarung und notfalls durch Anordnung. Dagegen erfolge die Konkretisierung der Mitbenutzung von öffentlichen Straßen durch die Erteilung einer Sondernutzungserlaubnis mit der Konsequenz der gesetzlichen Folgekostenregelung in § 13 Abs. 3 StrVO. Insofern sei letztere die speziellere Regelung:

> „Dafür spricht auch, daß in der Straßenverordnung § 24 kein Beschwerdeverfahren in die dort als endgültig bezeichnete Erteilung der Sondernutzung vorgesehen ist. Außerdem wäre, da aus dem Wesen der Sondernutzung die Nachrangigem der Mitbenutzung gegenüber der Zweckbestimmung der öffentlichen Nutzung folgt, eine ausdrückliche Regelung erforderlich gewesen, um den Vorrang der Mitbenutzung der Energiezwecke festzulegen. Im übrigen kann die Regelung des § 13 Abs. 3 Straßenverordnung auch als Ausnahmeregelung im Sinne von § 31 Abs. 3 Satz 2 Energieverordnung angesehen werden."[329].

Schlosser überträgt den Umkehrschluß aus § 24 Abs. 2 FStrG auf § 13 StrVO und verweist hinsichtlich der Sondernutzung nach früherem DDR-Recht auf die anschließend wiedergegebenen „Hinweise Ost"[330]. Näher geht er auf die Frage ein, wer die Herstellungskosten bei Baumaßnahmen in den neuen Bundesländern zu tragen habe. Hier gelte ebenfalls der Grundsatz, daß es auf die Stärke der Rechtsposition der Versorgungsunternehmen ankomme. Sollten sich die Versorgungsunternehmen auf ein Benutzungsrecht nach den §§ 29 ff. EnVO berufen, so stünde ihnen nur dann eine derartige Rechtsposition zu, wenn ein Mitbenutzungsrecht mit den Nutzungsberechtigten des Grundstücks vereinbart oder durch Beschluß des Rates des Kreises angeordnet worden sei[331]. Dies gelte auch, soweit Versorgungsleitungen während des Geltungsbereichs der Anordnung von 1954[332] und der Energieverordnung von 1963[333] verlegt worden seien. Zwar sei damals eine Duldungspflicht der Eigentümer oder sonstigen Nutzungsberechtigten vorgesehen gewesen. Eine Mitbenutzungsrecht habe jedoch auf Grund einer reinen Duldungspflicht nicht entstehen können. § 69 Abs. 4 EnVO könne nur vertraglich vereinbarte Rechte meinen. Zur Begründung eines Rechts müsse zumindest die Zahlung einer Entschädigung nach den gesetzlichen Vorschriften nachgewiesen werden. Hieran ändere auch § 9 GBerG nichts, da die Bestellung einer persönli-

---

329 Ebd., S. 25i.

330 In: *Marschall/Schroeter/Kastner*, Bundesfernstraßengesetz, 5. Aufl. 1995 (Manuskript), § 8 Nr. 13.9.

331 Ebd. Nr. 14.

332 Oben III.2.b) (S. 58 f.).

333 Oben III.2.b) (S. 59 f.).

chen Dienstbarkeit ebenfalls nur an ein vorhandenes Mitbenutzungsrecht anknüpfen könne.

Mit der Folgekostenproblematik befassen sich insbesondere die im Anhang abgedruckten *Hinweise zur Behandlung der Mitbenutzung von Bundesfernstraßen durch Leitungen in den neuen Bundesländern („Hinweise Ost")*. Die Hinweise Ost setzen sich – entsprechend ihrer Aufgabenstellung – nicht mit dem Gegenstandpunkt von Vertretern der Energiewirtschaft auseinander, gehen nicht auf die Rechtsprechung der Instanzgerichte in den neuen Bundesländern ein und geben auch keine Begründung für den vom Bundesminister für Verkehr eingenommenen Rechtsstandpunkt. Der Frage, ob dieser Standpunkt zutrifft, wird unter VI. nachgegangen. Ihre abschließende Beantwortung erfolgt in Teil C.

Auch mehrere *instanzgerichtliche Urteile* stützen auf den ersten Blick die vorstehend dargestellte Ansicht. Bei genauerem Zusehen betreffen sie aber atypische Fallkonstellationen, die unmittelbar mit der Folgekostenproblematik nichts zu tun haben.

Im Urteil des *Landgerichts Neubrandenburg* vom 22. Dezember 1992 – 2 O 122/92 –[334] finden sich folgende Aussagen:

> „Entgegen der Ansicht der Beklagten war eine Sondernutzungserlaubnis gem. § 13 Abs. 1 StraßenVO (GBl. I, S. 515; geändert durch VO vom 12.12.1978, GBl. I, 1979, S. 9) nicht erforderlich. Denn die Sondernutzung von öffentlichen Straßen, zu der auch das Einbringen von Versorgungsleitungen in den Straßenkörper oder dessen Überspannen zählt, bedurfte nur in Fällen der vorherigen Zustimmung des jeweiligen Rechtsträgers oder Eigentümers der öffentlichen Straße, wenn sich aus anderen Rechtsvorschriften nichts anderes ergab. Für die im gesellschaftlichen Interesse erforderliche Sondernutzung, wie z.B. für die Energiefortleitungsanlagen, konnten der Minister für Verkehrswesen und die Leiter anderer zuständiger zentraler Staatsorgane in Rechtsvorschriften den Besonderheiten Rechnung tragen (§ 13 Abs. 4 StraßenVO). Für die Benutzung der öffentlichen Straßen durch Energieversorgungsanlagen ergab sich aus § 48 Abs. 1 i.V.m. §§ 29, 30, 32 EnVO ein umfassendes und dauerndes Mitbenutzungsrecht der Energiekombinate. Sie waren kraft der generell abstrakten Regelung der EnVO befugt, ohne weitere Zustimmung durch die örtlichen und/oder überörtlichen Behörden den öffentlichen Verkehrsraum in Anspruch zu nehmen"[335].

Dieses Entscheidung wird der Entwicklung der jeweiligen Energieverordnungen nicht gerecht. Sie ist zudem auf das Verhältnis der Energiekombinate zu den örtlichen Volksvertretungen bezogen, was eher an die Interessenlagen bei Konzessionsverträgen erinnert. Daß bei den zentralistischen Strukturen der DDR insoweit die Interessen der Gemeinden und Kreise zurückzutreten

---

[334] RdE 1994, 29 = LKV 1993, 238.

[335] RdE 1994, 30 f.

hatten, war systemimmanent[336]. Mit der Situation bei der Mitbenutzung überörtlicher Straßen ist das nicht vergleichbar.

Das Teilurteil des *Kreisgerichts Meiningen* vom 17. Juni 1993[337] betrifft die Frage, ob ein Energieversorgungsunternehmen, das die Bevölkerung einiger Gemeinden ohne Abschluß von Konzessionsverträgen mit Elektrizität beliefert, um die gleichwohl seinen Tarif- und Sondervertragskunden in Rechnung gestellten Konzessionsabgaben zu Lasten der Gemeinden ungerechtfertigt bereichert ist. Hierzu führt das Gericht aus:

„Entgegen der Ansicht der Beklagten räumt auch § 13 StraßenVO / DDR, der lt. Einigungsvertrag über den 31.12.1991 hinaus fortgilt, insofern keine unentgeltliche Wegebenutzung über den 31.12.1991 hinaus ein. Nach § 13 I StraßenVO bedürfen Nutzungen der öffentlichen Straßen, die u.a. nicht im Rahmen des Fahrzeug- und Fußgängerverkehrs erfolgen (z.B. Versorgungsleitungen) der vorherigen Zustimmung der jeweiligen Rechtsträger oder Eigentümer der öffentlichen Straßen, soweit sich das nicht bereits aus anderen Rechtsvorschriften ergibt. Abgesehen davon, daß die EnVO / DDR von 1988 als spezielleres und jüngeres Gesetz der [die?] StraßenVO 1974 in Bezug auf die Wegebenutzung für Energiefortleitungsanlagen ausschließt, ist in § 13 der StraßenVO nach Sinn und Zweck des Gesetzes auch nur die Straßenbenutzung für Zwecke des Leitungsbaues und der Führung von Stromleitungen geregelt. Diese macht die StraßenVO von einer vorherigen Zustimmung des jeweiligen Rechtsträgers abhängig. Dagegen enthält die StraßenVO für die unentgeltliche Wegebenutzung der Gebiete der Zedenten zwecks Stromversorgung der Gemeinden keine Rechtsgrundlage. Ein Recht zur unentgeltlichen Wegebenutzung für den Betrieb von Stromleitungen durch ein EVU besteht somit auch in den neuen Bundesländern über den 31.12.1991 hinaus nicht ...“[338]

Auch diese Entscheidung ist auf Konzessionsverträge zugeschnitten und zielt tendenziell gegen eine unentgeltliche Mitnutzung von kommunalen Verkehrsflächen durch Energieversorgungsunternehmen. Soll eine Bereicherung der Energieversorgungsunternehmen vermieden werden, dann entspricht es der Ratio dieser Entscheidung (Wertung der Interessenlage), daß bei unentgeltlichen Mitnutzungen die Energieversorgungsunternehmen wenigstens für die Folgekosten aufkommen müssen.

Mit ähnlichen Fallkonstellationen befassen sich die Urteile des *Landgerichts Magdeburg* vom 17. Februar 1994 – 33 O 52 / 93 –,[339] des *Landgerichts Chemnitz* vom 16. März 1994 – 1 HKO 3166 / 93 –[340] und des *Ober-*

---

[336] Das Landgericht (RdE 1994, 31) stellt denn auch ergänzend auf die §§ 31, 49 und 72 des Gesetzes über die örtlichen Volksvertretungen (GÖV) (GBl. I 1985 S. 213) ab.

[337] – 5 C 307 / 92 –, RdE 1994, 34.

[338] RdE 1994, 35 f.

[339] RdE 1994, 247.

[340] RdE 1994, 245 = R+S 1994, 17 m. Anm. *Seeliger*.

landesgerichts Naumburg vom 30. Juni 1994 – 2 U 42/94 –[341]. Das Landgericht Magdeburg bezieht sich auf das Kreisgericht Meiningen und führt aus:

„Entgegen der Ansicht der Beklagten ergibt sich auch nicht aus dem weitergeltenden § 13 StraßenVO/DDR ein Rechtsgrund für eine unentgeltliche Wegebenutzung über den 31.12.1991 hinaus. Denn die EnVO/DDR von 1988 geht als spezielleres und jüngeres Gesetz der StraßenVO von 1984 in bezug auf die Wegebenutzung für Energiefortleitungsanlagen vor. Darüber hinaus regelt § 13 der StraßenVO auch nur die Straßennutzung für Zwecke des Leitungsbaues und der Führung von Stromleitungen, nicht jedoch ein Recht für die unentgeltliche Wegenutzung für den Betrieb von Stromleitungen."[342]

Auch das Landgericht Magdeburg hat folglich nach Möglichkeiten gesucht, Bereicherungen der Energieversorgungsunternehmen zu verhindern. Mit dieser Gewichtung der Interessenlage wäre eine Entlastung der Energieversorgungsunternehmen von Folgekosten bei unentgeltlichen Mitbenutzungsverhältnissen schwer vereinbar.

Das gleiche Anliegen wird schließlich im erwähnten Urteil des Landgerichts Chemnitz erkennbar, das allerdings eine andere Position zum Verhältnis der Energieverordnung zur Straßenverordnung einnimmt. Im Urteil finden sich hierzu folgende Ausführungen:

„Schließlich wurden die Vermögensvorteile von der Beklagten im Zeitraum vom 1.1.1992 bis 31.12.1992 auch ‚ohne Rechtsgrund' erlangt. Zwar gestatten §§ 29, 48 Energieverordnung-DDR in Verbindung mit §§ 19, 20 der 2. Durchführungsbestimmung zur Energieverordnung ursprünglich die unentgeltliche Wegebenutzung durch die Energieversorgungsunternehmen und stellen damit [einen?] Rechtsgrund im Sinne von § 812 BGB dar. Da jedoch § 29 EnVO-DDR lt. Einigungsvertrag Anlage II, Kapitel V, Sachgebiet D, Abschn. III. 4. ab 1.1.1992 nicht mehr fortgilt, liegt auch kein Rechtsgrund zur entgeltlichen[343] Wegebenutzung der Beklagten zur Versorgung ihrer Abnehmer mit Strom mehr vor.

Entgegen der Ansicht der Beklagten räumt auch § 13 StraßenVO/DDR, der lt. Einigungsvertrag über den 31.12.1991 hinaus fortgilt, insofern keine unentgeltliche Wegebenutzung über den 31.12.1991 hinaus ein. Nach § 13 Abs. 1 StraßenVO bedürfen Nutzungen der öffentlichen Straßen, die u.a. nicht im Rahmen des Fahrzeug- und Fußgängerverkehrs erfolgen (z.B. Versorgungsleitungen), der vorherigen Zustimmung der jeweiligen Rechtsträger oder Eigentümer der öffentlichen Straßen, soweit sich das nicht bereits aus anderen Rechtsvorschriften ergibt. In § 13 der StraßenVO ist nach Sinn und Zweck des Gesetzes auch nur die Straßenbenutzung für Zwecke des Leitungsbaues und der Führung von Stromleitungen geregelt. Diese macht die Straßenverordnung von einer vorherigen Zustimmung des jeweiligen Rechtsträgers abhängig. Dagegen enthält die StraßenVO für die unentgeltliche We-

---

[341] R+S 1994, 37.

[342] RdE 1994, 248.

[343] Gemeint ist wohl „unentgeltlichen".

gebenutzung im Gebiet der Stadt S. zwecks Stromversorgung keine Rechtsgrundlage. Ein Recht zur unentgeltlichen Wegebenutzung für den Betrieb von Stromleitungen durch ein Energieversorgungsunternehmen besteht somit auch in den neuen Bundesländern über den 31.12.1991 hinaus nicht."[344]

Das Landgericht Chemnitz geht also davon aus, daß § 13 StrVO durch die Energieverordnung *nicht* verdrängt wird.

Beim Urteil des Oberlandesgerichts Naumburg vom 30. Juni 1994 handelt es sich um die Berufungsentscheidung gegen das behandelte Urteil des Landgerichts Magdeburg. Das Oberlandesgericht baut die Rechtsposition des kommunalen Wegeeigentümers im Verhältnis zum Energieversorgungsunternehmen noch aus. Das Verhältnis von Energieverordnung und Straßenverordnung läßt das Oberlandesgericht unentschieden:

„Auch § 13 StVO-DDR stellt keinen Rechtsgrund für eine unentgeltliche Nutzung dar. Dabei kann offen bleiben, ob die Regelung hinter die speziellere Regelung des § 29 EnVO-DDR zurücktritt (so KG Meiningen und LG Chemnitz, jeweils a.a.O.). Jedenfalls enthält § 13 StVO-DDR lediglich das Erfordernis der Zustimmung des Grundstückseigentümers zu einer Sondernutzung. Dies bedeutet aber nicht, daß jeder Eigentümer die Nutzung unentgeltlich zu dulden hat."[345]

Eine konträre Interessenbewertung nimmt das unmittelbar für die Mitnutzung einer Bundesfernstraße (B 96) einschlägige Urteil des *Landgerichts Potsdam* vom 18. August 1994 – 4 1223/93 –[346] vor.

Das Urteil betrifft eine 1928 im Straßenkörper der B 96 in Längsrichtung verlegte Trinkwasserleitung, deren Verlegung im Zusammenhang mit dem Ausbau der Bundesautobahn A 10 und der B 96 erforderlich wurde. Da ein Gestattungsvertrag nicht vorlag, kam es zum Streit über die Kosten der Leitungsverlegung. Die Straßenbauverwaltung stützte ihren Anspruch auf Erstattung der vorfinanzierten Verlegungskosten auf § 8 Abs. 2a FStrG oder über § 8 Abs. 10 FStrG aus §§ 598 ff. BGB i.V.m. §§ 812 bzw. 677, 683, 670 BGB oder aus §§ 1004 i.V.m. §§ 812 bzw. 677, 683, 670 BGB und berief sich ferner auf die höchstrichterliche Rechtsprechung zu den Folgekosten bei Straßenveränderungen. Das beklagte Versorgungsunternehmen machte demgegenüber geltend, das nach § 13 StrVO begründete Sondernutzungsverhältnis entspreche nicht mehr den Anforderungen des § 8 Abs. 1 und 2 FStrG. Das Rechtsverhältnis richte sich ausschließlich nach § 8 Abs. 10 FStrG. Das danach möglicherweise bestehende Leiheverhältnis sei nicht gekündigt worden. Eine Rückgabepflicht des Grundstücks sei weder gefordert worden, noch bestünde eine Rückgabepflicht. Die Berufung auf die §§ 812, 677, 683, 670 BGB verstoße gegen Treu und Glauben. Gegen den Anspruch aus § 1004 BGB berief sich die Beklagte auf Bestandsschutz. Das Landgericht wies die Klage ab.

---

[344] RdE 1994, 246.

[345] R+S 1994, 38.

[346] Nicht veröffentlicht.

Die Entscheidungsgründe stützen sich auf vier Argumente:

- *Erstens* handele es sich bei der Inanspruchnahme der Bundesstraße B 96 durch die Versorgungsleitungen entgegen der Rechtsansichten der Parteien um keine Sondernutzung[347]. Die Kammer zitiert fälschlich § 1 Abs. 1 FStrG, aber insoweit dürfte einer der – auffallend zahlreichen – Schreibfehler der Entscheidung vorliegen. Wörtlich fährt die Kammer fort:

  „Die Benutzung ist zwar kein Gemeingebrauch nach § 7 Abs. 1 FStrG, weil sie über den Verkehrsgebrauch hinausgeht, jedoch wird der Gemeingebrauch durch die unterirdische Nutzung des Straßenlandes in Längsrichtung neben dem Straßenbelag nicht beeinträchtigt.

  Verkehrsbehinderungen, die möglicherweise durch eine Reparatur der Leitung oder wie im vorliegenden Fall mit der Verlegung der Leitung verbunden sind, beeinträchtigen den Gemeingebrauch nur für kurze Dauer und sind vom Begriff der Sondernutzung nicht erfaßt (vgl. Urteil des Bundesverwaltungsgerichts vom 29.03.1968 – BVerwG IV C 100.65, a.a.O.; Marschall, Bundesfernstraßengesetz, 2. Auflage 1963, § 8, S. 344).

  Zur Einräumung eines derartigen Nutzungsrechts bedarf es demzufolge keiner öffentlich-rechtlichen Erlaubnis.

  Darauf, ob die der Beklagten nach dem Recht der ehemaligen DDR erteilten Genehmigungen, die gemäß Artikel 19 des Einigungsvertrages fortgelten, dem Inhalt der in § 8 Abs 1, 2 FStrG geforderten Erlaubnis entsprechen, kommt es deshalb nicht an.“[348]

  Da keine Sondernutzung vorliege, entfalle eine Anspruch aus § 8 Abs. 2a FStrG und erübrige sich eine Berücksichtigung des Rechtsgedankens des § 8 Abs. 8 FStrG.

- *Zweitens* bestehe auch kein gemäß § 8 Abs. 10 FStrG zu berücksichtigender Anspruch aus einem Leiheverhältnis, da der Klägerin kein Rückgaberecht zustehe und eine Kündigung der Leihe nicht erfolgt sein. Während sich die Kammer mit der eventuellen Kündigung überhaupt nicht befaßt, wird das Recht auf Rückgabe wie folgt abgetan:

  „Ein Recht auf Rückgabe des Grundstücks gem. § 604 Abs. 3 BGB hat die Klägerin gegen die Beklagte deshalb nicht, weil die Dauer der Leihe zwar nicht bestimmt wurde, jedoch ihrem Zweck, nämlich die Sicherung der Aufgaben der Beklagten bei der öffentlichen Versorgung, zu entnehmen ist, daß die Leihe sich über einen längeren, unbestimmten Zeitraum erstrecken muß.“[349]

---

[347] Urteilsabdruck, S. 6.

[348] Urteilsabdruck, S. 6 f.

[349] Urteilsabdruck, S. 8.

– *Drittens* sei ein Beseitigungsanspruch der Klägerin gemäß § 1004 Abs. 2 BGB ausgeschlossen, da der Eingriff der Beklagten in das Eigentum rechtmäßig sei und deshalb geduldet werden müsse[350]. Die Kernthese der zur Begründung angegebenen Argumentation hielt das Landgericht Potsdam offenbar für so einleuchtend, daß sie gleich zweimal (zu Beginn und zum Abschluß) der Argumentationskette formulierte:

„Die Duldungspflicht der Klägerin ergibt sich aus einem Benutzungsrecht der Beklagten besonderer Art, welches inhaltlich einer beschränkten persönlichen Dienstbarkeit gem. § 1090 Abs. 1 BGB nahe kommt.

An den Bundesfernstraßen bestand vor dem Beitritt der DDR zur BRD Volkseigentum, ebenso an den Versorgungsleitungen der Beklagten. Die Befugnis des Rechtsvorgängers der Beklagten zur Benutzung ergab sich aus einer staatlichen Sondernutzungserlaubnis, so daß für eine Absicherung mittels vertraglicher Regelung keine Notwendigkeit bestand.

Mit Inkrafttreten des Einigungsvertrages kam es zu einer Aufspaltung des Eigentums an Bundesstraßen und Versorgungsleitungen. Gemäß den Maßgaben zum FStrG, Bundesfernstraßengesetz – Überleitungsregelung (Vgl. EVertr. vom 31.08.1990 Anl. I Kap. XI Sachgebiet F Abschn. III Nr. 1, BGBl. II S. 889, 1111) ist das Eigentum an Bundesfernstraßen (vorher Autobahnen und Fernverkehrsstraßen) auf den Bund übergegangen, während die Beklagte das Eigentum an den Versorgungsleitungen im Rahmen der Rechtsnachfolge erlangt hat. Damit ist jedoch die der Beklagten eingeräumte Benutzungsbefugnis nicht weggefallen. Sie gilt gemäß der erteilten Erlaubnis fort, da diese gemäß Art. 19 des Einigungsvertrages weiter besteht.

Anders hingegen wäre es bei lediglich obligatorischen Duldungsansprüchen an einem Straßengrundstück, die sich bei Eigentumsübergang am Grundstück nicht ohne weiteres gegen den neuen Eigentümer richten (Vgl. Urteil des BGH vom 24.01.1969 – VZR 74/65 a.a.O.).

Die Befugnis der Beklagten, ihre Versorgungsleitungen im Straßengrund der Bundesfernstraße B 96 zu belassen, ist zu einem dinglichen Recht am Straßengrundstück erstarkt, welches einer beschränkten persönlichen Dienstbarkeit ähnelt (§ 1090 Abs. 1 BGB).“[351]

Das Jonglieren mit verschiedenen Rechtsordnungen und Rechtsgebieten ist, zurückhaltend ausgedrückt, gewagt. Die öffentlich-rechtliche Nutzungserlaubnis für eine Sondernutzung, die jetzt keine Sondernutzung mehr ist, verwandelt sich – ohne Überleitung – in eine privatrechtliche Gestattung, die obendrein den Charakter eines dinglichen Rechts annimmt! Daß der Bundesgerichtshof Anliegen der Versorgungswirtschaft, die ebenfalls auf eine dingliche Absicherung ihrer Leitungsrechte abzielten, eine klare Ab-

---

350 Urteilsabdruck, S. 8.

351 Urteilsabdruck, S. 9.

sage erteilt hat[352], hält das Landgericht nicht für erwähnenswert. Die Vermutung liegt nahe, daß der Kammer die höchstrichterliche Rechtsprechung nicht vertraut war. Diese Vermutung entkräftet das Landgericht allerdings mit seinem abschließenden Argument.

– *Viertens* setzt sich die Kammer nämlich mit der höchstrichterlichen Rechtsprechung folgendermaßen auseinander:

„Die höchstrichterliche Rechtsprechung, auf die die Klägerin hinweist, insbesondere Urteil des BVerwG vom 29.3.1968 – BVerwG IV C 100.56 [gemeint ist wohl 100.65, d. Verf.] – a.a.O., derzufolge die Folgekosten grundsätzlich von den Versorgungsunternehmen zu tragen sind, erscheint der Kammer, jedenfalls im vorliegenden Fall, nicht überzeugend."

Insoweit erübrigt sich eine Würdigung.

Mit Urteil vom 14. März 1995 – 6 U 172/94 –[353] hat das *Brandenburgische Oberlandesgericht* die Berufung der Bundesrepublik Deutschland gegen das erörterte Urteil des Landgerichts Potsdam zurückgewiesen. Das Oberlandesgericht führt aus, das Landgericht habe zu Recht in entsprechender Anwendung der §§ 1090 Abs. 2, 1023 Abs. 1 BGB eine Pflicht das beklagten Versorgungsunternehmens zur Tragung der durch die Verlegung der Trinkwasserleitung entstandenen Folgekosten verneint. Eine privatrechtliche vertragliche Nutzungsregelung, aus der sich die Kostentragungspflicht der Beklagten ergeben könnte, sei nicht ersichtlich. Nach den besonderen Umständen des Falles sei hier jedoch anzunehmen, daß sich ein Nutzungsrecht der Beklagten ergebe, das nicht in Anlehnung an die Vorschriften der §§ 598 ff. BGB zu definieren sei, sondern in Anlehnung an die §§ 1090 ff. BGB:

„Dies ergibt sich daraus, daß bis zum 2.10.1990 einschließlich über einen langen Zeitraum das Eigentum an der Straße und der Leitung in einer Hand (Volkseigentum) lag. Insofern entspricht dieser Fall weitgehend dem von dem Bundesgerichtshof in BGHZ 37, 353 ff. im Zusammenhang mit Folgewirkungen der Regelung des Art. 90 Abs. 1 GG entschiedenen. Auch hier ist – ähnlich wie in jenem Fall – das Eigentum an Straße und Leitung später (mit Wirkung vom 3.10.1990) wieder auseinandergefallen."[354]

Für die Zeit vor dem 3.10.1990 habe einheitliches Eigentum an den Straßengrundstücken und den im Straßenkörper verlegten Leitungen bestanden. Beides sei „Eigentum des Volkes" gewesen. Dem stehe nicht entgegen, daß die Rechtsträgerschaft am Leitungsnetz und an den Straßengrundstücken von unterschiedlichen Rechtsträgern in der DDR wahrgenommen worden sei. Die

---

[352] Vgl. oben BGH, Urteil vom 24.1.1969 – V ZR 74/65 –, BGHZ 51, 319; vom 4.10. 1979 – III ZR 28/78 –, WM 1980, 118 = DVBl. 1980, 283 = Recht der Elektrizitätswirtschaft 1980, 40 = et 1980, 301.

[353] Noch nicht veröffentlicht.

[354] Urteilsabdruck, S. 6 f.

Rechtsträgerschaft umfasse nur die abgeleiteten Besitz- und Nutzungsbefugnisse der jeweiligen Rechtsträger, ohne rechtlich unterschiedliche Eigentumsverhältnise und Eigentümer zu schaffen. Erst auf Grund der Regelungen des Einigungsvertrages sei das Eigentum an der Leitung und den Straßengrundstücken wieder auseinandergefallen. Mit dieser Aufspaltung des Eigentums sei aber die Befugnis der Beklagten, ihre Leitung im Straßenkörper zu belassen, zu einem dinglichen Recht erstarkt:

„Mit der Annahme eines Leiheverhältnisses (§§ 598 ff. BGB) wird man den hier vorliegenden Umständen nicht gerecht. Zwar bestand anders als in dem der Entscheidung BGHZ 37, 353 zugrunde liegenden Sachverhalt hier kein ursprünglich einheitliches Eigentum an Straßengrundstücken und der verlegten Leitung, doch ist hieraus nichts anderes herzuleiten, zumal das einheitliche Eigentum während eines langen Zeitraumes bestand. Es gab auch für die Rechtsvorgängerin der Beklagten keinen Anlaß, ihre Rechte während des Bestehens der DDR vertraglich abzusichern. Mit der Verordnung über das Straßenwesen vom 18.7.1957 (GBl./DDR I, 1957, S. 377) bzw. der Verordnung über die öffentlichen Straßen vom 22.8.1974 (GBl./DDR I, 1974, S. 515) war die Notwendigkeit des Abschlusses einer solchen Vereinbarung entfallen; denn die Nutzung der öffentlichen Straßen durch Versorgungsleitungen war als Sondernutzung öffentlich-rechtlich erlaubnispflichtig.

Der Beklagte hat mithin nunmehr ein Benutzungsrecht eigener Art, das zu seiner Entstehung und seinem Fortbestand nicht der Eintragung in das Grundbuch bedarf und inhaltlich einer beschränkten persönlichen Dienstbarkeit (§§ 1090 ff. BGB) nahekommt (BGHZ 37, 353, 362). Der Entzug eines solchen Benutzungsrechts hätte einen Entschädigungsanspruch nach Art. 14 Abs. 3 GG zur Folge. Hier sind nach alledem der Beklagten nicht die Folgekosten aufzuerlegen, diese verbleiben in entsprechender Anwendung der §§ 1090 Abs. 2, 1023 Abs. 1 Satz 1 BGB vielmehr der Klägerin."[355]

Schließlich stehe der Klägerin auch kein Anspruch aus § 1004 Abs. 1 BGB zu. Auf diese Vorschrift könnten sich der Baulastträger nur bei lastenfreiem Grunderwerb berufen. Ein solcher Fall sei aber hier gerade nicht gegeben:

„Das Straßengrundstück war zunächst nicht dinglich belastet, jedoch ist für die Zeit bis zum 2.10.1990 von einer genehmigten Sondernutzung nach § 13 Straßenverordnung vom 2.8.1974 auszugehen."[356]

Für die Zeit danach sei das Vorliegen eines der beschränkten persönlichen Dienstbarkeit angenäherten Rechts der Beklagten anzunehmen.

An diesem Urteil fällt auf, daß es sich mit der Fortgeltung von § 13 StrVO bzw. der nach dieser Vorschrift getroffenen Entscheidungen nicht lange aufhält. Die Anwendbarkeit von § 13 StrVO hält das Gericht ersichtlich

---

[355] Urteilsabdruck, S. 8.

[356] Urteilsabdruck, S. 9.

und zu Recht für unproblematisch, da insoweit kollidierende Spezialvorschriften nicht ersichtlich sind. Wenn aber die Entscheidungen nach § 13 StrVO fortgelten, bleibt unerfindlich, weshalb das Gericht die Folgekostenregelung dieser Vorschrift nicht einmal erwähnt. Stattdessen behauptet der Senat ohne eigenständige Begründung die Anwendbarkeit von § 1090 Abs. 2 BGB. Die „besonderen Umstände des Falles" reichen nämlich als Begründung nicht aus. Das Zusammentreffen von Straßen- und Leitungseigentum im einheitlichen Volkseigentum war keine Besonderheit des konkreten Falles, sondern bestand generell. Über die Folgekostenproblematik besagt es nichts. Denn offensichtlich ergab sich diese Problematik auch in der DDR. Andernfalls hätten sich die ausführlich erörterten einschlägigen Vorschriften erübrigt. Damit reduzieren sich die „besonderen Umstände des Falles" auf die Parallele zur zitierten Entscheidung des Bundesgerichtshofs. Die Parallele beider Sachverhalte erschöpft sich aber darin, daß in dem vom Bundesgerichtshof zu beurteilenden Fall die Stadtwerke der beklagten Gemeinde fast zur gleichen Zeit (1928) wie die Vorgängerin des Versorgungsunternehmens im Potsdamer Rechtsstreit ebenfalls Rohrleitungen für die Gas- und Wasserversorgung im Ruhrschnellweg verlegt hatte, der damals, soweit er innerörtlich verlief, im Eigentum der Gemeinde stand. Durch das Neuregelungsgesetz[357] wurde der Ruhrschnellweg Reichsstraße und ging als solche nach Art. 90 Abs. 1 GG in das Eigentum der Bundesrepublik über. Als 1956 der Schnellweg ausgebaut wurde, mußten die Versorgungsleitungen verlegt werden, wodurch die Folgekosten streitig wurden.

Der Bundesgerichtshof bürdete mit Urteil vom 11. Juli 1962[358] der Bundesrepublik die Folgekosten auf. Hierbei stütze er sich auf die Eigentumsregelung des Art. 90 Abs. 1 GG. Der Senat schloß sich zunächst der zum damaligen Zeitpunkt herrschenden Ansicht an, daß es sich bei Fernleitungen regelmäßig um Zubehör des Gestattungsgrundstücks handelt[359]. Im vorliegenden Fall seien die Gas- und Wasserleitungen, soweit sie innerhalb des Ruhrschnellwegs verliefen, bis zum 24. Mai 1948 wesentliche Bestandteile des Straßengrundstücks geblieben. Als die Gemeinde die Leitungen erstellte, hätte sie als Grundstückseigentümerin gehandelt und nicht in Ausübung eines Rechts an einem fremden Grundstück. Erst auf der Grundlage des Art. 90 Abs. 1 GG sei eine Aufspaltung des Eigentums am Straßengrundstück und an den Versorgungsleitungen eingetreten. Gleichsam als Entschädigung für den Eigentumsverlust am Straßengrundstück ließ der Bundesgerichtshof ein dingliches Straßennutzungsrecht entstehen:

---

[357] Oben mit Fußn. 224.

[358] – V ZR 175/60 –, BGHZ 37, 353.

[359] BGHZ 37, 356 f.

„Aus der nunmehrigen Aufspaltung des Eigentums zwischen Straße einerseits und Versorgungsleitungen andererseits folgt darüber hinaus, daß die erwähnte Befugnis der Beklagten, ihre Leitungen im Ruhrschnellweg zu belassen, mit dem 24. Mai 1949 zu einem dinglichen Recht am Straßengrundstück erstarkt ist. Ein solches Recht war vom Inkrafttreten des Grundgesetzes ab notwendig, um der Beklagten – die sich, da sie bis dahin selbst Straßeneigentümerin gewesen war, nicht durch Abschluß eines Gestattungsvertrages hatte sichern können – die weitere Ausübung ihrer vom Gesetzgeber gebilligten Versorgungstätigkeit zu gewährleisten. Es handelt sich um ein Benutzungsrecht besonderer Art, das unmittelbar aus Art. 90 Abs. 1 GG erwachsen ist und wegen seines öffentlichrechtlichen Ursprungs – ähnlich wie die Belastung eines Grundstücks mit der Hypothekengewinnabgabe (§ 111 LAG) – zu seiner Entstehung nicht der Eintragung im Grundbuch bedurfte. Inhaltlich kommt es einer beschränkten persönlichen Dienstbarkeit (§§ 1090 ff. BGB) am nächsten: Nach dem Willen des Gesetzgebers, wie sich aus der getroffenen Eigentumsregelung entnehmen läßt. sollen der Beklagen die gleichen Rechte zustehen, die sie haben würde, wenn sie gegenüber einer Weigerung der Klägerin, ihr die Verlegung von Versorgungsleitungen in den Straßenkörper zu gestatten, den Enteignungweg beschritten hätte; als Enteignungsmaßnahme wäre alsdann, wie in derartigen Fällen üblich, die Eintragung einer Dienstbarkeit in Betracht gekommen ...“[360]

Die Ablehnung das Veranlasserprinzips deutete sich im übrigen schon in dieser Entscheidung an[361]. Das war aber nicht entscheidungserheblich, da tragendes Argument der Entscheidung der erwähnte Kompensationsgedanke ist: Die §§ 1092 Abs. 2, 1023 Abs. 1 Satz 1 BGB seien im vorliegenden Falle zumindest entsprechend anwendbar;

„das Recht, das der Beklagten mit dem Verlust des Straßeneigentums nach Art. 90 Abs. 1 GG hinsichtlich ihrer Leitungen erwachsen ist, steht inhaltlich und in seiner praktischen Auswirkung ... einer beschränkten persönlichen Dienstbarkeit recht nahe.“[362]

Wie man diese Erwägungen auf das aus der Aufspaltung von Volkseigentum *neu* entstandene Privateigentum der Versorgungsunternehmen in den neuen Bundesländern übertragen kann, bleibt unerfindlich. Das Brandenburgische Oberlandesgericht hat die Argumentation des Bundesgerichtshofs im Ergebnis nicht übernommen, sondern sie auf den Kopf gestellt. Das betroffene Versorgungsunternehmen war nicht durch ein dingliches Recht für einen Eigentumsverlust zu entschädigen, sondern erhielt zusätzlich zu seinem Eigentum ein dingliches Nutzungsrecht zugesprochen. Eine Parallele zur Fallkonstellation des Bundesgerichtshofs ließe sich mit allerlei Verrenkungen nur ziehen, wenn man in dem vom Brandenburgischen Oberlandesgericht entschiedenen Fall ebenfalls auf das Jahr 1949 abstellt. Dann könnte die Kom-

---

[360] BGHZ 37, 361 f.

[361] BGHZ 37, 363.

[362] BGHZ 37, 363.

pensation für die Begründung des Volkseigentums in den Sondernutzungsrechten nach den jeweiligen Straßenverordnungen liegen. Die Folgekostenregelung müßte sich dann aber nach dem Straßenrecht richten.

Obendrein ist die Rechtsprechung des Bundesgerichtshofs zur Begründung von Dienstbarkeiten im Enteignungsweg spätestens seit dem Grundsatzurteil des Bundesverwaltungsgerichts vom 29. März 1968[363] überholt. Das Landgericht Potsdam erwähnt dieses Urteil wenigstens. Das Brandenburgische Oberlandesgericht glaubte, sich eine Auseinandersetzung mit der höchstrichterlichen Rechtsprechung ersparen zu dürfen, obwohl der Bundesgerichtshof sich nach seiner Entscheidung von 1962 erneut mit der Folgekostenproblematik bei der Verlegung eines ebenfalls in den zwanziger Jahren gebauten Abwasserkanals zu befassen hatte. Im – dem Urteil des Bundesgerichtshofs vom 24. Januar 1969[364] zugrundeliegenden – Sachverhalt stand freilich die Straße, in dem der Abwasserkanal verlief, nicht im Eigentum des Versorgungsunternehmens, sondern einer Gemeinde. Das Versorgungsunternehmen war aber immerhin eine in der Rechtsform einer Genossenschaft gebildete Körperschaft des öffentlichen Rechts, zu deren Genossen auch die grundstücksbelastete Gemeinde zählte. Mit Inkrafttreten des Grundgesetzes ging das Eigentum der betroffenen Gemeindestraße auf die Bundesrepublik über. Der Bundesgerichtshof betonte die sich aus § 8 Abs. 1 des Gesetzes über die vermögensrechtlichen Verhältnisse der Bundesautobahnen und sonstigen Bundesstraßen des Fernverkehrs – BStrVermG vom 2. März 1951[365] ergebende Sondersituation in der Entscheidung von 1962[366] und setzte sich dann ausführlich – zuungunsten der Versorgungswirtschaft –[367] mit dem Veranlasserprinzip auseinander. Abschließend schloß sich der Bundesgerichtshof ausdrücklich dem Urteil des Bundesverwaltungsgerichts vom 29. März 1968 an:

[363] Oben mit Fußn. 88.

[364] – V ZR 74/65 –, BGHZ 51, 319.

[365] BGBl. I S. 157.

[366] BGHZ 51, 323: „In jenem Fall war die beklagte Stadtgemeinde zunächst Eigentümerin der Straße und der darin verlegten Versorgungsleitungen. Der Senat hat damals entschieden, mit dem Übergang des Eigentums an der Straße auf die klagende Bundesrepublik nach Art. 90 GG sei eine Aufspaltung des Eigentums an der Straße einerseits und den Versorgungsleitungen andererseits mit der Folge eingetreten, daß der Beklagten ein dingliches, einer beschränkten persönliche Dienstbarkeit nahekommendes Benutzungsrecht am Straßenkörper zugestanden habe. Die Klägerin habe daher nach § 1090 Abs. 2 i.V.m. § 1023 Abs. 1 BGB die Folgekosten zu tragen. Aus dieser Entscheidung folgt jedoch nicht, daß auch ein hinsichtlich des Straßengrundstücks nur obligatorisches Recht, wie der Beklagte es hatte, zu einem dinglichen Nutzungsrecht erstarkt wäre. Dabei ist zu beachten, daß § 8 BStrVermG zwar dingliche Rechte an den früheren Reichsautobahnen und Reichsstraßen bestehen läßt, nicht aber eine entsprechende Regelung für schuldrechtliche Beziehungen trifft, sondern insoweit in § 8 Abs. 2 nur die Regelung der schuldrechtlichen Verbindlichkeiten des Unternehmens 'Reichsautobahnen' vorbehält. Damit erscheint die Ansicht, daß das Recht der Beklagten zu einem dinglichen Recht erstarkt sei, kaum vereinbar."

[367] BGHZ 51, 324 f.

„Mit Recht weist das Bundesverwaltungsgericht in diesem Zusammenhang auch darauf hin, daß die Regelung des § 8 Abs. 8 Satz 1 FStrG nicht außer acht gelassen werden dürfe. Nach dieser Vorschrift hat derjenige, der eine behördliche Erlaubnis zum Gebrauch der Fernstraßen über den Gemeingebrauch hinaus hat, gegen den Träger der Straßenbaulast bei Sperrung, Änderung oder Einziehung der Straße keinen Ersatzanspruch. Das Bundesverwaltungsgericht entnimmt dieser Vorschrift, dem Träger der Straßenbaulast dürften durch die Einräumung von Sondernutzungen keine zusätzlichen Kosten entstehen ...“[368]

Wenn schon Fälle sich „weitgehend entsprechen“, dann ist dies die Parallele zum Potsdamer Fall.

2. Zwischenergebnis

Auch wenn in der zentralgeleiteten DDR an Autobahnen und Fernverkehrsstraßen ebenso wie an Energieversorgungsleitungen Volkseigentum bestand, waren doch für beide Bereiche *unterschiedliche Rechtsträger* verantwortlich. Die Frage, wer für die Folgekosten straßenbaubedingter Änderungen von Versorgungsleitungen aufzukommen hatte, stellte sich damit auch in der früheren DDR und wurde von den *DDR-Autoren* unterschiedlich beantwortet. Überwiegend hielt man die straßenrechtlichen Regelungen für die spezielleren Regelungen gegenüber den Regelungen der Energieverordnungen. In der *Praxis* wurden für die Sondernutzung von Straßen durch Energiefortleitungen durchgängig straßenrechtliche Zustimmungen etwa nach § 13 Abs. 1 StrVO erteilt. Insoweit kam unstreitig die Straßenverordnung zur Anwendung. Gleichwohl war das Konkurrenzverhältnis zur Energieverordnung offenbar nicht eindeutig geklärt.

Im *aktuellen Schrifttum* wird daher versucht, die Rechtslage in der früheren DDR ex post zu klären. Die diesbezüglichen Interpretationsversuche sind häufig interessengebunden. Namentlich die Vertreter der Versorgungswirtschaft neigen dazu, dem diffizilen *Normgeflecht* der früheren DDR den gewünschten Sinn zu unterschieben. Dies geschieht durch selektive Betonung einzelner Bestimmungen unter Vernachlässigung der systematischen Zusammenhänge beider Bereiche der Daseinsvorsorge.

Die mittlerweile vorliegende *Rechtsprechung* der Instanzgerichte in den neuen Bundesländern zur Folgekostenproblematik läßt keine klare Linie erkennen. Selbst die Entscheidungen, in denen die Energieverordnung als das gegenüber der Straßenverordnung speziellere und spätere Recht qualifiziert wird, beziehen sich auf den Sachzusammenhang der Konzessionsverträge. Sie ergingen zudem tendenziell zuungunsten der Energieversorgungsunternehmen.

[368] BGHZ 51, 327.

Einschlägig sind dagegen die Urteile des Landgerichts Potsdam und des Brandenburgischen Oberlandesgerichts, obwohl sie die Verlegung von Trinkwasserleitungen betreffen. Beide Urteile werden der Folgekostenproblematik nicht gerecht, weil sie die differenzierte Rechtslage, die in der früheren DDR bestand, ignorieren und nach Inhalt und Methode unzulänglich sind. Obendrein widerstreiten die Urteile ausgesprochen und unausgesprochen der höchstrichterlichen Rechtsprechung.

Daraus folgt, daß eine sachgerechte Lösung der einigungsbedingten Folgekostenproblematik nur gefunden werden kann, wenn *erstens* diese Problematik im *Gesamtzusammenhang* des – durch die jeweiligen Vorschriften und die Staatspraxis der früheren DDR konkretisierten – Spannungsverhältnisses von Straßenwesen und Energieversorgung behandelt wird und wenn *zweitens* die *gesamtstaatlichen Belange* nach der Wiedervereinigung gebührend berücksichtigt werden.

VI. Stellungnahme

1. Methodische Vorbemerkung

Die deutsche Wiedervereinigung stellte spezifische Anforderungen an die Rechtsangleichung, die „Hammerlösungen" wie die abrupte und vollständige Übertragung der Rechtsordnung der alten Bundesrepublik auf das Beitrittsgebiet ausschlossen. Erforderlich war ein bis in die Einzelheiten gehendes *Übergangs- und Überleitungsrecht*, dessen Systematik bereits dargestellt wurde[369].

Die Normen des Transformationsrechts, d.h. die Bestimmungen des Einigungsvertrags selbst sowie die Normen des übergeleiteten Bundesrechts und des fortgeltenden DDR-Rechts, sind auszulegen wie andere Rechtsnormen auch. *Darüber hinaus* ist bei der Auslegung des Transformationsrechts zu beachten, daß der deutsche Rechtsstaat vor der Aufgabe steht, die vor-rechtsstaatliche Vergangenheit mit dem Endziel der Rechtseinheit aufzuarbeiten[370]. Methodisch bedeutet das, daß fortgeltendes ehemaliges DDR-Recht nicht nur mit negativer Stoßrichtung auf seine Vereinbarkeit mit rechtsstaatlichen Grundsätzen zu überprüfen ist. Vielmehr muß positiv immer die Auslegung bevorzugt werden, die am ehesten *praktische Konkordanz* zwischen dem Recht der alten Bundesrepublik, dem fortgeltenden DDR-Recht und gegebenenfalls dem nach einer Übergangszeit künftig einheitlich geltenden Recht

---

369 Oben IV.1.

370 Hierzu *Starck/Berg/Pieroth*, Der Rechtsstaat und die Aufarbeitung der vor-rechtsstaatlichen Vergangenheit, VVDStRL 51 (1992), 9 ff., 46 ff., 91 ff.

herstellt. Nötig ist m.a.W. eine *einheitstiftende Auslegung*, zumal die überwiegende Mehrzahl der Bevölkerung in den neuen Bundesländern (73% nach neuesten demoskopischen Erhebungen) die Gleichheit der Bürger vor dem Gesetz anzweifelt[371].

Steht fortgeltendes DDR-Recht auf dem Prüfstand, dann bedeutet die einheitsstiftende Auslegung: Für *unmittelbar fortgeltendes* Recht ergeben sich keine Besonderheiten. Es ist so auszulegen, wie wenn es nach der Wiedervereinigung erlassen worden wäre. Die Auslegung, die zu DDR-Zeiten vorgenommen wurde, ist irrelevant. Im Gegenteil: Das fortgeltende DDR-Recht muß jetzt in den rechtsstaatlichen Gesamtzusammenhang eingepaßt werden. Auch im Rahmen der historischen Auslegung hat der Wille des historischen (DDR-) Gesetzgebers eher negative Bedeutung. Anders verhält es sich bei mittelbar fortgeltendem DDR-Recht.

Mittelbar gilt oder genauer *wirkt* DDR-Recht *fort* als Rechtsgrundlage für fortgeltende Verwaltungsentscheidungen. Der Regelungsgehalt und die Regelungsreichweite von Verwaltungsentscheidungen läßt sich zumeist nur unter Würdigung ihrer Rechtsgrundlagen ermitteln. Ausschlaggebend ist dann aber grundsätzlich die Rechtslage zum Zeitpunkt des Erlasses der Verwaltungsentscheidung. Daraus ergibt sich die Notwendigkeit, DDR-Recht retrospektiv auszulegen. Aber selbst dann besteht Raum für eine einheitsstiftende Auslegung. War nämlich schon in der früheren DDR die Auslegung des nunmehr fortwirkenden Rechts umstritten und bestanden schon nach DDR-Recht unterschiedliche Auslegungsmöglichkeiten, so ist nunmehr diejenige Auslegung zu bevorzugen, die der rechtlichen Bewältigung der vergleichbaren Tatbestände nach dem Recht der Bundesrepublik am ehesten entspricht.

Auch fortgeltende Entscheidungen sollten mit dem Bedeutungsgehalt aufrechterhalten bleiben, der der Rechtsordnung der Bundesrepublik am ehesten entspricht.

Abweichende Rechtszustände in den alten und neuen Bundesländern dürfen selbst für eine Übergangszeit nur hingenommen werden, wenn hierfür zwingende sachliche Gründe bestehen, wenn Vertrauenstatbeständen Rechnung getragen werden muß und wenn keine Interpretationsspielräume für eine Angleichung bestehen.

Daß das auf der zentralen Planwirtschaft beruhende Wirtschaftsrecht keinen Bestand haben kann, liegt auf der Hand, zumal ohnehin überwiegend nur das unter der Regierung *de Maizière* erlassene Transformationsrecht im Eini-

---

[371] Vgl. *Noelle-Neumann*, Kein Schutz, keine Gleichheit, keine Gerechtigkeit, FAZ Nr. 57 vom 8.3.1995, S. 5. Im Westen liegt die Vergleichszahl immerhin ebenfalls bei 67%.

gungsvertrag Berücksichtigung fand[372]. Das Verwaltungsrecht wäre an sich das Rechtsgebiet, auf dem sich die besten Chancen böten, Bewährtes aus dem früheren DDR-Recht zu bewahren. Jedoch wurde das Verwaltungsrecht 1958 durch Walter Ulbricht abgeschafft. Dies schloß allerdings nicht aus, daß – losgelöst von rechtsstaatlichen Bindungen – Materien des Besonderen Verwaltungsrechts weiterhin bestanden. Seit 1972 wurde die unsinnige und im sowjetischen Hegemonialbereich einmalige Abschaffung des Verwaltungsrechts allmählich wieder rückgängig gemacht. Namentlich fügt sich die Straßenverordnung von 1974 nach dem Befund eines ausgewiesenen und anerkannten Kenners und Kritikers des DDR-Rechts in die Gesamtstruktur des überkommenen deutschen Wegerechts im Großen und Ganzen ein[373].

2. Rechtsgrundlage der Folgekostenpflicht

a) Maßgeblichkeit des Bundesfernstraßengesetzes für Leitungsrechte

Mit dem Wirksamwerden des Beitritts der Deutschen Demokratischen Republik zur Bundesrepublik Deutschland trat das Bundesfernstraßengesetz auch in den neuen Bundesländern in Kraft[374]. Für alle seit dem 3. Oktober 1990 entstandenen und weiter entstehenden *Mitbenutzungen* von Bundesfernstraßen durch Versorgungsleitungen gilt im gesamten Bundesgebiet § 8 Abs. 10 FStrG.

b) Maßgeblichkeit des Bundesfernstraßengesetzes für die Folgekostenproblematik

Man könnte nun den Standpunkt vertreten, daß *alle* nach dem Beitritt entstandenen Folgekosten ebenfalls seit dem 3. Oktober 1990 nach den zu § 8 Abs. 10 FStrG entwickelten Grundsätzen[375] zu beurteilen seien. Auf die mühsame Abgrenzung der dargestellten kollidierenden früheren DDR-Vorschriften käme es dann nicht an. Im Ergebnis argumentiert so das Brandenburgische Oberlandesgericht, wenn es auch die zu § 8 Abs. 10 FStrG entwickelten Grundsätze falsch interpretiert[376].

---

[372] Vgl. *Brunner*, Was bleibt übrig vom DDR-Recht nach der Wiedervereinigung, JuS 1991, 353 ff. (355).

[373] *Brunner*, JuS 1991, 359.

[374] Oben IV.1.b).

[375] Oben II.5.

[376] Oben V.I.c) (S. 112 ff.).

Dieser einfache Lösungsweg ist aber versperrt. Die Folgekostenpflicht steht in zwingendem Sachzusammenhang mit den Mitbenutzungsrechten. Der Sachzusammenhang läßt sich nicht abstrakt bestimmen. Die Zurechnung der Folgekostenpflicht hängt maßgeblich davon ab, ob und wie ein Mitbenutzungsverhältnis konkret begründet wurde. Die Ausgestaltung des Mitbenutzungsverhätnisses wiederum richtetet sich nach den Rechtsgrundlagen, die zum *Zeitpunkt seiner Begründung* galten.

§ 8 Abs. 10 FStrG entfaltet somit für die Folgekostenpflicht nur dann *Rückwirkung*, wenn sich die auf seiner Grundlage abgeschlossenen Verträge ihrerseits Rückwirkung beimessen. Das ist bei *Rahmenverträgen* der Fall. Wurden dagegen im Hinblick auf die Folgekostenpflicht keine rückwirkenden Verträge abgeschlossen, dann muß die Rechtslage zum Zeitpunkt der Begründung des Mitbenutzungsrechts analysiert werden.

c) Ergänzung des Bundesfernstraßengesetzes durch die Energieverordnung

Da die §§ 29 Abs. 1–3, §§ 30, 31, 48 und 69 Abs. 4 EnVO für Mitnutzungsrechte an Bundesfernstraßen bis zum 31. Dezember 2010 fortgelten, könnte insoweit seit dem 3. Oktober 1990 eine *abschließende Ergänzung* von § 8 Abs. 10 FStrG vorliegen. Was die Bundesfernstraßen betrifft, würde dann ein Konkurrenzverhältnis von Energieverordnung und Straßenverordnung von vornherein nicht bestehen, weil sich die Fortgeltung der Straßenverordnung auf Straßen der Länder beschränkte. Einige instanzgerichtliche Entscheidungen scheinen dieser Sichtweise zuzuneigen.

Aus den vorstehenden Erwägungen ist auch diese Sichtweite schon im Ansatz falsch. Maßgeblich ist die Rechtslage im Zeitpunkt, die bestand, als die Mitnutzungsrechte eingeräumt wurden, wenn nicht für die Folgekostenpflicht im nachhinein beabsichtigt und ausdrücklich eine eigenständige Regelung getroffen worden ist. Die Energieverordnung wurde aber nicht erst am 3. Oktober 1990 durch den Einigungsvertrag zur lex specialis oder zur lex posterior. Entweder war sie das schon vor der Wiedervereinigung, oder die damals spezielleren straßenrechtlichen Regelungen wurden am 3. Oktober durch die zu § 8 Abs. 10 FStrG herausgebildeten Grundsätze[377] ersetzt.

Die Frage, ob das Straßenrecht der DDR das Energierecht der DDR bei straßenbaubedingten Veränderungen von Energiefortleitungen verdrängte, stellt sich also *nach wie vor*. Durch den Einigungsvertrag wurde sie nicht obsolet.

---

[377] Oben II.2. und 5.

Gestützt wird dieses Ergebnis, nämlich daß zwischen § 48 EnVO und § 13 StrVO ein weiterhin klärungsbedürftiges Konkurrenzverhältnis bestand, durch zwei weitere Erwägungen:

- Zum einen blieb das Konkurrenzverhältnis der Straßen- und Energieverordnung auch nach der Wiedervereinigung bestehen, soweit *Straßen der Länder* betroffen waren. Es wäre kaum verständlich, wenn in den neuen Bundesländern landes- und bundesrechtlich die Folgekostenpflicht unterschiedlich gehandhabt werden sollte. Das kann nicht die Ratio des Einigungsvertrags sein.
- Zum anderen beruhte die Begründung von Mitbenutzungsrechten in der früheren DDR auf *Verwaltungsentscheidungen*, die nach Art. 19 EV fortgelten. Möglicherweise regelten diese Verwaltungsentscheidungen nicht nur die Einräumung von Mitnutzungsrechten, sondern auch (konkludent) die Begründungen von Folgekostenpflichten. Dies läßt sich nur auf der Grundlage des zum Erlaßzeitpunkt der Verwaltungsentscheidungen gültigen Rechts feststellen.

d) Folgerung

Es führt kein Weg daran vorbei: Die Zurechnung der Folgekostenpflicht kann nur erfolgen, wenn das Konkurrenzverhältnis der – im engeren Sinne – energierechtlichen und straßenrechtlichen Vorschriften geklärt wird. Die Rechtsprechung, die sich dieser Aufgabe entzieht, ist verfehlt.

3. Gesetzeskonkurrenz

a) Allgemeines

Sind für die Beurteilung eines Rechtsproblems mehr als eine Gesetzesvorschrift relevant, so handelt es sich zunächst um ein Konkurrenzproblem. Fällt die Lösung des Problems unterschiedlich aus, je nachdem welche der an sich einschlägigen Vorschriften zur Anwendung kommt, dann liegt eine *Gesetzeskollision* vor. Normwidersprüche sind nach Möglichkeit schon im Wege der Interpretation aufzulösen. Ist das nicht möglich, muß, um die Einheit der Rechtsordnung zu wahren, auf Kollisionsregeln zurückgegriffen werden.

Traditionell sind drei Kollisionsregeln gebräuchlich:

Erstens geht im Rahmen der Normenhierarchie das ranghöhere dem rangniedrigeren Gesetz vor (lex superior derogat legi inferiori); *zweitens* verdrängt die speziellere die allgemeine Norm (lex specialis derogat legi generali) und *drittens* hat die jüngere Norm Vorrang vor der früheren (lex posterior derogat legi priori).

Abstrakt formuliert sind diese Regeln einleuchtend. Ihre konkrete Anwendung bereitet aber erhebliche Schwierigkeiten. Dies gilt namentlich für den Spezialitätsgrundsatz. Als lex specialis wird eine Rechtsnorm bezeichnet, die gegenüber der lex generalis präziser ist oder die Ausnahmen vom spezielleren Gesetz enthält. Die lex generalis umfaßt also *dieselbe Regelungsmaterie*, die lex specialis trifft lediglich detailliertere Regelungen. Der Spezialitätsgrundsatz geht im übrigen dem lex-posterior-Grundsatz vor. Die ältere Spezialvorschrift setzt sich auch gegen eine jüngere allgemeine Norm durch[378].

b) Chronologisches Verhältnis der straßen- und energierechtlichen Vorschriften

Das Verhältnis der energie- und straßenrechtlichen Vorschriften der DDR, die oben bereits ausführlich dargestellt worden sind[379]sind, ist in verschiedene *Zeitabschnitte* zu untergliedern.

– 1945 bis 1954

Unmittelbar nach dem Zweiten Weltkrieg und unter der Geltung der Energiewirtschaftsverordnung von 1949[380] galten die überkommenen Grundsätze des Rechts der Gestattungsverträge. Eine spezielle energierechtliche Folgekostenregelung, die das Straßenrecht hätte verdrängen können, bestand nicht. Straßenrechtlich blieb es in dieser Zeit bei der Anordnung des Generalinspektors für das deutsche Straßenwesen von 1937[381]. Danach waren straßenbaubedingte Veränderungen von Versorgungsleitungen vom Benutzungsberechtigten auf eigene Kosten durchzuführen, sofern keine abweichenden vertraglichen Abmachungen getroffen wurden.

Von 1945 bis 1954 traf im Gebiet der früheren DDR somit die Folgekostenpflicht grundsätzlich die Energieversorgungsbetriebe.

Die Frage der Gesetzeskollision stellt sich für diese Zeitspanne *nicht*.

---

378 *Tettinger*, Einführung in die juristische Arbeitstechnik, 2. Aufl. 1992, S. 37.

379 Oben III.

380 Oben III.2.b) (S. 58).

381 Oben bei Fußn. 27.

– 1954 bis 1969

Ob der Anordnung des Generalinspektors durch die am 29. September 1954 in Kraft getretene *Benutzungsanordnung*[382] der Boden entzogen wurde, ist zweifelhaft.

Die Benutzungsanordnung ließ jedenfalls nicht nur die Mitbenutzungsrechte von Grundstücken für Energieübertragungsanlagen kraft Gesetzes entstehen, sondern regelte auch die Folgekosten bei Verkehrsvorhaben. Diese Regelung blieb in der Energiewirtschaftsverordnung 1963[383] aufrechterhalten.

Völlig eindeutig war indessen die Folgekostenregelung in § 12 Abs. 2 der Benutzungsanordnung nicht. Wer Kosten zu „planen" hat, muß nicht automatisch verpflichtet sein, die Kosten auch zu tragen. Die Verordnung über das Straßenwesen von 1957[384] enthielt nur Andeutungen einer Folgekostenregelung, machte jedoch die *Sondernutzung* von Straßen auch durch Versorgungsleitungen von einer *Zustimmung* abhängig. Zieht man – da das Straßenrecht in beiden Teilen Deutschlands durchaus vergleichbar war – die Parallele zur Rechtslage in der Bundesrepublik, so läßt sich selbst für die Zeit von 1954 bis 1969 eine Folgekostenpflicht der Versorgungsbetriebe begründen. Eindeutig war die Rechtslage aber nicht.

Jedenfalls bestand schon für diese Zeitspanne eine *Gesetzeskollision*.

– 1969 bis 1974

Die Energieverordnung von 1969[385], die am 15. Oktober 1969 in Kraft trat, kehrte zum Prinzip der *vereinbarten Mitbenutzungsrechte* zurück und enthielt eine Folgekostenregelung nach dem *Veranlasserprinzip*, die bereits mit der Zustimmungskonzeption der Verordnung über das Straßenwesen von 1957 kollidierte. Mit Inkrafttreten der Straßenverordnung von 1974[386] zum 1. Januar 1975 kam es erstmalig zu einer *ausdrücklichen* Kollision der Verordnungen, da nunmehr § 13 Abs. 3 StrVO eine vom Veranlasserprinzip abweichende Folgekostenregelung enthielt.

Auch in dieser Zeitspanne kollidierten der Sache nach die energie- und straßenrechtlichen Bestimmungen.

---

[382] Oben III.2.b) (S. 58).

[383] Oben III.2.b) (S. 59 ff.).

[384] Oben III.2.c) (S. 74 f.).

[385] Oben III.2.b) (S. 61 ff.).

[386] Oben III.2.c) (S. 75 ff.).

– 1974 bis 1990

Die Energieverordnung von 1976[387] brachte – wie die Energieverordnung von 1980[388] – bezüglich der Folgekostenregelungen keine Abweichungen von der Energieverordnung von 1969. Neue Kollisionen mit der Straßenverordnung ergaben sich indessen aus der *Folgeinvestitionsverordnung* von 1978[389], sowie schließlich im Zusammentreffen mit der Energieverordnung 1988/1990[390].

In dieser Zeitspanne bestand eine *ausdrückliche Gesetzeskollision*. Somit gilt: Werden straßenbaubedingte Änderungen von Leitungen erforderlich, die vor dem 29. September 1954 verlegt wurden, so haben die Energieversorgungsunternehmen *von vornherein* für die Folgekosten aufzukommen.

Die Folgekosten bei straßenbaubedingten Änderungen von Leitungen, die von diesem Zeitpunkt an verlegt wurden, werden demgegenüber in den energie- und straßenrechtlichen Verordnungen unterschiedlich behandelt, so daß es erforderlich ist, das Kollisionsverhältnis aufzulösen. Hierbei ist zu beachten, daß nach § 69 EnVO die früher begründeten Mitbenutzungsrechte zwar bestehen blieben, von nun an aber den Vorschriften der Energieverordnung 1988/1990 unterlagen; somit ist für die energierechtliche Folgekostenregelung *ausschließlich* diese Energieverordnung relevant. Für die straßenrechtliche Folgekostenregelung ist demgegenüber die Zustimmung zur Sondernutzung maßgeblich. Diese kann auf Grund der Straßenverordnung von 1974 oder ihrer Vorgänger erteilt worden sein. Alle diese Zustimmungen gelten nach Art. 19 EV fort. § 13 Abs. 3 StrVO bringt indessen den allgemeinen straßenrechtlichen Grundsatz zum Ausdruck, daß die Folgekostenpflicht *Annex* zur Begründung des Nutzungsrecht ist. Damit genügt es, zur Auflösung der Gesetzeskollision die Vorschriften der Straßenverordnung von 1974 und der Energieverordnung von 1988/1990 zu vergleichen.

4. Vorrang des Straßenrechts

Zum Verhältnis des Straßenrechts zum Energierecht im Sachzusammenhang mit der Straßennutzung durch Versorgungsleitungen wurde im Rahmen der Würdigung des Streitstands das Nötige gesagt, so daß wenige abschließende Bemerkungen genügen.

---

[387] Oben III.2.b) (S. 64 ff.).

[388] Oben III.2.b) (S. 68).

[389] Oben III.2.d).

[390] Oben III.2.b) (S. 68 ff., 70 f.).

a) Wortlaut

Der Wortlaut von § 13 Abs. 3 StrVO ist *eindeutig:* Bei Maßnahmen der Instandhaltung, Erhaltung und Erweiterung an bestehenden öffentlichen Straßen haben die Sondernutzer erforderliche Folgemaßnahmen an ihren Anlagen auf *eigene* Kosten durchzuführen. Erweiterungsmaßnahmen sind bei einheitsstiftender Auslegung vergleichbar mit Änderungen der Verkehrsfunktion. Wenn nach § 13 Abs. 4 StrVO in „Rechtsvorschriften Besonderheiten für die im gesellschaftlichen Interesse erforderlichen Sondernutzungen" zu regeln sind, ändert diese Öffnungsklausel nichts daran, daß es sich um Sondernutzungen handelt. Das bedeutet, daß sich diese Vorschriften spezifisch mit den Sondernutzungen, eben mit den „Besonderheiten" der Sondernutzungen, auseinandersetzen müssen. § 48 Abs. 1 EnVO kann man in diesem Sinn als besondere Regelung betrachten. Dort wird ein „Recht" auf Mitbenutzung erwähnt. Auf die Auslegungsschwierigkeiten im Hinblick auf die Begründung dieses Rechts wurde schon hingewiesen[391]. Der Gesetzeswortlaut von § 48 Abs. 1 Satz 2 EnVO verleiht der Zustimmung zur Sondernutzung einen konsensualen Einschlag, der ihrem Charakter als Hoheitsakt nicht voll gerecht wird. § 48 Abs. 1 EnVO verweist daher auf § 13 StrVO zurück. In diesem Sachzusammenhang trifft § 48 Abs. 2 EnVO keine präzisere Regelung und normiert auch keine Ausnahme. § 48 Abs. 2 EnVO kann daher nicht lex specialis im Verhältnis zu § 13 Abs. 3 StrVO sein, sondern betrifft nur den Fall der Verdrängung von Versorgungsleitungen.

b) Historische Auslegung

Wie erwähnt, ist bei DDR-Vorschriften der Wille des historischen Verordnungsgebers nicht erheblich. Wichtiger ist, wie die Praxis die Vorschriften handhabte. Es wurde gezeigt, daß bei der Begründung von Leitungsrechten durchaus eine Zustimmung zur Sondernutzung für erforderlich gehalten und praktiziert wurde. Von einer Verdrängung des § 13 Abs. 1 StrVO durch energierechtliche Normen kann nicht die Rede sein.

c) Systematik

Bei einer Gesetzeskollision steht das systematische *Verhältnis der Gesetze zueinander* im Vordergrund.

Regelungsgegenstand der Straßenverordnung ist die *Nutzung von Straßen.* Die Energieverordnung hat einen umfassenderen Regelungsgegenstand. Sie

[391] Oben III.2.b) (S. 70 f.).

regelt die gesamte Versorgung der Bevölkerung mit Energieträgern; zu diesem Zweck enthält sie allgemeine energiewirtschaftliche Vorschriften über Energielieferer, Energiekombinate (Energieversorgungsunternehmen), Energieabnehmer, außerdem über die Versorgung mit Energieträgern und den rationellen Energieeinsatz. Das bedeutet noch nicht automatisch, daß die Energieverordnung nicht auch straßenrechtliche Regelungen treffen könnte, die spezieller sind, als die der Straßenverordnung. § 48 EnVO ist indessen nicht als spezielle Bestimmung über die Sondernutzung von Straßen gefaßt. Vielmehr befaßt sich § 48 EnVO mit der Mitbenutzung von Grundstücken der Volkswirtschaft schlechthin. Richtigerweise ist somit davon auszugehen, daß die Energieverordnung die Mitbenutzung von Grundstücken *allgemein* regelt, während die Straßenverordnung aus der Perspektive der *Straßenmitbenutzung* die spezielleren Regelungen enthält[392]. Welche Verordnung jünger ist, spielt daher keine Rolle. Mehr noch: Hätte § 48 EnVO die älteren straßenrechtlichen Sondernutzungsbestimmungen, als diese noch galten, völlig verdrängen sollen, wäre eine untragbare Regelungslücke entstanden. Beispielsweise hätte kein Interessenausgleich zwischen unterschiedlichen Nutzungsansprüchen erfolgen können. Folglich *ergänzte* § 48 Abs. 1 lediglich § 13 Abs. 1 StrVO. Der primäre Regelungsgehalt des § 13 StrVO, die Ordnung der Straßennutzung, blieb unberührt. Zu dieser Ordnung gehört untrennbar die Frage der Folgekosten. Wenn es Aufgabe von § 48 Abs. 2 EnVO gewesen wäre, § 13 Abs. 3 StrVO zugunsten einer Gruppe von Sondernutzern außer Kraft zu setzen, hätte der Verordnungsgeber das eindeutig zum Ausdruck bringen müssen. Das ist aber nicht geschehen. Auch in der Praxis wurden nach Inkrafttreten der Energieverordnung weiterhin Zustimmungen nach § 13 StrVO erteilt.

d) Normzweck

Normzweck sowohl von § 13 Ans. 3 StrVO wie auch von § 48 Abs. 2 EnVO ist der *Interessenausgleich* zwischen verschiedenen Rechtsträgern. Dieser Interessenausgleich ist im Spannungsverhältnis von verschiedenen Trägern der Daseinsvorsorge eine permanente Aufgabe. Daher ist es nicht einsehbar, weshalb selbst in einer Übergangsphase der Interessenausgleich zwischen Energieversorgungsunternehmen und Straßenbaulastträgern in den alten und neuen Bundesländern unterschiedlich erfolgen sollte. *Sachliche* Gründe für Unterschiede sind nicht ersichtlich. *Rechtliche* Gründe sind ebenfalls nicht gegeben, da sich die einschlägigen straßenrechtlichen und energierechtlichen Bestimmungen des früheren DDR-Rechts im Einklang mit der früher in der DDR herrschenden Auffassung und der geübten Praxis so aus-

---

[392] So selbst *Ott*, RdE 1991, 150 (154).

legen lassen, wie es den Folgekostengrundsätzen der alten Bundesrepublik entspricht.

Danach ist die Folgekostenpflicht der Energieversorgungsunternehmen *Korrelat der ihnen unentgeltlich eingeräumten Mitnutzungsrechte*. Das Veranlasserprinzip gilt hier nicht.

C. Ergebnis

Die Rechtsauffassung der Versorgungsunternehmen und einiger Instanzgerichte zur Folgekostenproblematik bei straßenbaubedingten Änderungen von Versorgungsleitungen in den neuen Bundesländern beruht auf einer unzutreffenden oder unzulänglichen Würdigung des fortwirkenden Rechts der früheren DDR, orientiert sich nicht an den von der höchstrichterlichen Rechtsprechung entwickelten Grundsätzen zur Thematik und verhindert in diesem wichtigen Rechtsbereich die rasche Herstellung der Rechtseinheit in den alten und neuen Bundesländern.

Die in den vom Bundesminister für Verkehr herausgegebenen Hinweisen Ost zum Ausdruck gebrachte Rechtsauffassung *trifft* demgegenüber *in allen Punkten uneingeschränkt zu* und sollte, sofern sich eine Einigung nicht erzielen läßt, zum Ausgangspunkt eines geeigneten Rechtsstreits genommen werden, um eine höchstrichterliche Grundsatzentscheidung herbeizuführen.

Schrifttum

Achterberg, Norbert / *Püttner*, Günter (Hrsg.): Besonderes Verwaltungsrecht I, 1990

Amtmann, Thomas: Interkommunale Differenzierung des Konzessionsabgabenaufkommens, 1990

Bartlsperger, Richard: Das Sachenrechtsverhältnis der öffentlichen Straßen, in: *Bartlsperger / Blümel / Schroeter*, Ein Vierteljahrhundert Straßenrechtsgesetzgebung, S. 13 ff.

Bartlsperger, Richard / *Blümel*, Willi / *Schroeter*, Hans-Wolfgang (Hrsg.): Ein Vierteljahrhundert Straßenrechtsgesetzgebung, 1980

Baumeister, Ludger: Zur Geschichte und Problematik des deutschen Straßen- und Wegerechts, 1958

Beißwanger, Gerhard: Öffentliches und privates Recht bei den Sondernutzungen nach dem BayStrWG, Diss. Erlangen-Nürnberg 1970

Berg, Wilfried: Der Rechtsstaat und die Aufarbeitung der vor-rechtsstaatlichen Vergangenheit, VVDStRL 51 (1992), 46 ff.

Bernhardt, Rudolf: Die deutsche Teilung und der Status Gesamtdeutschlands, in: HStR I, 1987, § 8

Biedenkopf, Kurt Hans / *Kellmann*, Christof: Die wege- und kartellrechtliche Problematik der Energieversorgungsleitungen für den Eigenbedarf (Rechtsgutachten), 1970

Blümel, Willi (Hrsg.): Einschaltung Privater beim Verkehrswegebau – Innenstadtverkehr, 1993 (Speyerer Forschungsberichte, 115)

— Verkehrswegeplanung in Deutschland, 3. Aufl. 1993 (Speyerer Forschungsberichte, 105)

Bönninger, Karl / *Knobloch*, Heinz: Das Recht der öffentlichen Straßen, 1978

Börner, Bodo: Rechtsfragen zu Artikel 90 EWGV, in: *ders.*, Wegerecht und europäisches Wettbewerbsrecht, S. 124 ff.

— (Hrsg.): Wegerecht und europäisches Wettbewerbsrecht, 1966 (VEnergR 12 / 13)

Borchert, Hartmut: Zum Ende des Verbots der Neueinführung von Konzessionsabgaben, Die Gemeinde 1991, 88 ff.

Brachmann, Ronald: Öffentliches Recht in den neuen Bundesländern nach dem Einigungsvertrag, LKV 1991, 12 ff.

Braun, Dieter: Mustervertrag für die Mitbenutzung von Bundesstraßen durch Versorgungsleitungen, et 1969, 89

— Rahmenvertrag für die Mitbenutzungsverhältnisse zwischen Straßen und Leitungen der öffentlichen Versorgung, et 1970, 476 ff., 543 ff., 616 ff.

— Gemeindliche Gebietsänderung und Rechtsnachfolge in Konzessionsverträgen, et 1982, 343 ff.

— Reform des Konzessionsabgabenwesens, et 1991, 456 ff.

Brückner, Ulf: Die besondere Straßenbenutzung, Diss. Göttingen 1968

Brunner, Georg: Das Staatsrecht der Deutschen Demokratischen Republik, in: *Isensee / Kirchhof*, HStR I, § 10

— Was bleibt übrig vom DDR-Recht nach der Wiedervereinigung ?, JuS 1991, 353 ff.

Büdenbender, Ulrich, Energierecht, 1982

Crome, Karl: Der Konzessionsvertrag und seine Ausführung im Kriege, AcP 115 (1917), 1 ff.

Cronauge, Ulrich: Das neue Konzessionsabgabenrecht, 1992

Cronenberg, Martin: Reform der Konzessionsabgaben, et 1991, 450 ff.

— Anwendungs- und Auslegungsfragen der neuen Konzessionsabgabenverordnung, et 1992, 175 ff.

Depenbrock, Johann: Die Stellung der Kommunen in der Versorgungswirtschaft, 1961

Didden, Rolf: Konzessionsabgaben der Energie- und Wasserversorgungsunternehmen, 1952

Drasdo / Fenske: Verordnung über Folgeinvestitionen, Die Wirtschaft Nr. 1078, 1978, 15 ff.

Eisele, Fridolin: Die Rechtsverhältnisse der res publicae in publico usu, 1873

Eiser, Ernst / *Riederer*, Johann / *Obernolte*, Wolfgang: Energiewirtschaftsrecht. Kommentar, Lbl. 1975 ff.

Emmerich, Volker: Das Wirtschaftsrecht der öffentlichen Unternehmen, 1969

Evers, Hans-Ulrich: Das Recht der Energieversorgung, 1974

— Die „Wegekonzession" für die Verlegung von Versorgungsleitungen, in: *Bartlsperger / Blümel / Schroeter*, Ein Vierteljahrhundert Straßenrechtsgesetzgebung, S. 181 ff.

Feuerborn, Alfred / *Riechmann*, Volkhard: Konzessionsabgabenverordnung, Kommentar, 1994

Fischerhof, Hans: Vorzeitige Kündbarkeit von Konzessionsverträgen?, Elektrizitätswirtschaft 1953, 42 ff. = Rechtsfragen der Energiewirtschaft, 1956, S. 68 ff.

— Öffentliche Versorgung mit Wasser, Gas, Elektrizität und öffentliche Verwaltung, DÖV 1957, 305 ff.

Fleiner, Fritz: Institutionen des Deutschen Verwaltungsrechts, 8. Aufl. 1928

Forsthoff, Ernst: Die Verwaltung als Leistungsträger, 1938 (Teilabdruck in: ders., Rechtsfragen der leistenden Verwaltung, 1959)

— Die Daseinsvorsorge und die Kommunen, 1959

— Die Enteignung öffentlicher Straßen bei der Kreuzung durch Gasfernleitungen, Rechtsgutachten, 1960

— Lehrbuch des Verwaltungsrechts, Bd. I: Allgemeiner Teil, 10. Aufl. 1973

Friauf, Karl Heinrich: Die Straßenbaufinanzierung, in: *Bartlsperger / Blümel / Schroeter*, Ein Vierteljahrhundert Straßenrechtsgesetzgebung, S. 209 ff.

Friedrichs, Karl: Das Recht der Versorgungsbetriebe, 1935

Ganschezian-Fink: Straßeneigentum und Gemeingebrauch, NJW 1957, 285 ff.

Gerberding, Matthias: Das Energierecht der DDR, Recht der Elektrizitätswirtschaft 1990, 70 ff.

Germershausen, Albrecht / *Seydel*, Gustav: Wegerecht und Wegeverwaltung in Preußen, 4. Aufl. 1932

Goerlich, Helmut: Kunst, Erlaubnisverfahren und Straßennutzung, Jura 1990, 415 ff.

Hamann, Dirk Walter: Die kartellrechtliche Zulässigkeit sog. Endschaftsklauseln unter besonderer Berücksichtigung stromwirtschaftlicher Konzessionsverträge, Diss. Münster 1991

Hammer, Klaus: Die Regelungen der Verordnung über die öffentlichen Straßen für die Sondernutzung und für Gebäude und bauliche Anlagen an Straßen, Die Straße 1987, 378 ff.

Hammes, Klaus: Der Gemeingebrauch an städtischen Straßen, DVBl. 1950, 71 ff., 102 ff.

Hardinghaus, Herbert: Öffentliche Sachherrschaft und öffentliche Sachverwaltung. Eine Untersuchung des deutschen Rechts der öffentlichen Sachen verglichen mit dem französischen Recht des Domaine public, 1966

Harms, Wolfgang (Hrsg.): Atomstrom aus Frankreich? Zur Schaffung eines europäischen Binnenmarktes für Strom, 1987

Henke, Ernst / *Müller*, Hans / *Rumpf*, Fritz: Rechtsgrundlagen der öffentlichen Elektrizitätswirtschaft in Deutschland, 1930

Hermann, Hans Peter / *Recknagel*, Rüdiger / *Schmidt-Salzer*, Joachim: Kommentar zu den Allgemeinen Versorgungsbedingungen für Elektrizität, Gas, Wasser und Fernwärme, Bd. I, 1980

Herzog, Matthias: Die Vereinbarkeit der Enteignung zugunsten von Energieversorgungsunternehmen nach § 11 Abs. 1 EnWG mit Art. 14 Abs. 3 GG, Recht der Elektrizitätswirtschaft 1983, 22 ff.

Hohlwein, Kurt: Die Sondernutzung im Straßenwesen, Die Straße 1968, 556 ff.

— Die Sondernutzung von Straßenverkehrsanlagen durch Verkehrs- und Versorgungseinrichtungen, Die Straße 1969, 615 ff.

— Wasserrechtliche Bestimmungen für die Planung und Leitung des Straßenwesens, Die Straße 1971, 340 ff.

— Rechtsfragen der Verlegung von Versorgungsleitungen bei Investitionsmaßnahmen des Straßenwesens aus der Sicht der Spruchpraxis des Staatlichen Vertragsgerichts und der Literatur, Die Straße 1974, 252 ff.

— Probleme der Anwendung von Rechtsvorschriften über die Durchführung von Folgemaßnahmen im Straßenwesen, Die Straße 1980, 272 ff.

— Zur Rechtsstellung der Anlieger und Grundstücksnutzer an öffentlichen Straßen, Die Straße 1981, 137 ff.

— Die Verantwortlichkeit für Pflichtverletzungen gegenüber den Rechtsträgern der Straßen und Maßnahmen zur Durchsetzung von Pflichten, Die Straße 1982, 209 ff.

Hoppe, Werner: Erdgasversorgung durch gemeindliche Unternehmen, DVBl. 1965, 581 ff.

— Eingriffe in Leitungsrechte durch Straßenbaumaßnahmen, 1979

Huber, Ernst Rudolf: Wirtschaftsverwaltungsrecht, Bd. I, 2. Aufl. 1953/54

Huber, Jürgen: Verkehrswegeplanung im Licht der Deutschen Einheit, Straße und Autobahn 1991, 5 ff.

Immenga, Ulrich: Aktuelle Fragen zum Kartellrecht der Energiewirtschaft. Konzessionsverträge – Vertragsklauseln im Lichte der Befristungsregelung, in: Bodo Börner (Hrsg.), Energiewirtschaftsgesetz im Wandel von fünf Jahrzehnten (VEnergR, 57), 1988, S. 33 ff.

Immesberger, Helmut: Das Recht der Konzessionsabgaben, WK-Reihe Nr. 97, Juli 1992

Isensee, Josef/*Kirchhof*, Paul (Hrsg.): Handbuch des Staatsrechts der Bundesrepublik Deutschland, Bd. I, 1987; Bd. III, 1988

Joachim, Horst: Die Folgekostenproblematik des Bundesmustervertrages vom 3.12. 1968, et 1979, 553 ff.

Jüngst, Rainer: Konzessionsverträge und Kartellrecht, DÖV 1991, 221 ff.

Kastrop, Christian: Die Konzessionsabgaben der Gemeinden als Lenkungs- und Finanzierungsinstrument, 1991

Kempfer, Helmut: Das Fernmeldeleitungsrecht an öffentlichen Straßen, in: *Bartlsperger/Blümel/Schroeter*, Ein Vierteljahrhundert Straßenrechtsgesetzgebung, S. 197 ff.

Kersten, Heinz: Kunst auf der Straße im Labyrinth von Kunstfreiheit, straßenrechtlichem Gemeingebrauch und Sondernutzung, NVwZ 1991, 139 ff.

Kimminich, Otto: Verfassungsrechtliche Probleme einer Neuregelung der vertraglichen Grundlagen für die öffentliche Energieversorgung, 1974

— Verfassungsrechtliche Probleme der Grundstücksnutzung für Zwecke der öffentlichen Energieversorgung, NJW 1983, 2785 ff.

Klein, Hans Hugo: Die Teilnahme des Staates am wirtschaftlichen Wettbewerb, 1968

Klofat, Hans Jörg: Einschaltung Privater beim Verkehrswegebau, in: Willi Blümel (Hrsg.), Einschaltung Privater beim Verkehrswegebau – Innenstadtverkehr (Speyerer Forschungsberichte, 115), 1993, S. 7 ff.

Kodal, Kurt/*Krämer*, Helmut (Hrsg.): Straßenrecht, 5. Aufl. 1995

Köttgen, Arnold: Gemeindliche Daseinsvorsorge und gewerbliche Unternehmerinitiativen, 1961

Kormann, Karl: System der rechtsgeschäftlichen Staatsakte, 1910

Krause, Günter, Vorbereitung und Durchführung von Folgeinvestitionen, Wirtschaftsrecht 4/1985, 91 f.

Krüger, Herbert: Gegen eine Entstaatlichung der öffentlichen Wege, 1954

Kühne, Gunther: Die Verfassungswidrigkeit des Verbots der Neueinführung von Konzessionsabgaben, BB 1987, 2032 ff.

— Ungleichbehandlung bei Konzessionsabgaben, in: *Harms*, Atomstrom aus Frankreich?, S. 131 ff.

Kühne, Gunther / *Beddies*, Dirk: Die Neuordnung des Konzessionsabgabenrechts, Recht der Elektrizitätswirtschaft 1992, 132 ff.

Lassar, Gerhard: Grundbegriffe des preußischen Wegerechts, 1919

Laubinger, Hans-Werner: Straßenkunst – Gemeingebrauch oder Sondernutzung, VerwArch. 1990, 583 ff., 617 ff.

Leisner, Walter: Grundeigentum und Versorgungsleitungen, 1973

Lenz, Ulrich: Die gesetzliche Regelung der Konzessionsabgaben, Wirtschaftsprüfung 1992, 252 ff.

Lörler, Sighart / *Ronellenfitsch*, Michael / *Ouart*, Peter / *Himmelreich*, Jörg: Überlegungen zur Entflechtung von Partei und Staat in der DDR, 1990

Lohrberg, Klaus: Ausgangssituation für den Straßenbau in Ostdeutschland, Straße und Autobahn 1991, 329 ff.

Lorenz, Dieter: Straßengesetz Baden-Württemberg. Kommentar, 1992

Ludwig, Wolfgang / *Cordt*, Adolf / *Stech*, Jürgen / *Odenthal*, Hans: Recht der Elektrizitäts-, Gas- und Wasserversorgung, Lbl. Stand Dezember 1995

Lübben, Natalie: Das Recht auf freie Benutzung des Luftraums, 1992

Lüthke, Klaus: Gemeingebrauch und Sondernutzung nach hamburgischem Wegerecht, Diss. Hamburg 1964

Lukes, Rudolf: Die Benutzung öffentlicher Wege zur Fortleitung elektrischer Energie, 1973

Markert, Kurt: Konzessionsverträge und Kartellrecht, Recht der Elektrizitätswirtschaft 1989, 94 ff.

Marschall, Ernst A.: Die Benutzung von Bundesfernstraßen zum Zwecke öffentlicher Versorgung, in: *Börner*, Wegerecht und europäisches Wettbewerbsrecht, S. 1 ff.

Marschall, Ernst A. / *Schroeter*, Hans-Wolfgang / *Kastner*, Fritz: Bundesfernstraßengesetz, 4. Aufl. 1977; 5. Aufl. 1995 (Manuskript)

Maunz, Theodor: Hauptprobleme des öffentlichen Sachenrechts, 1933

— Die Kostenverteilung zwischen Straßenbaulastträgern und öffentlichen Versorgungsunternehmen, in: *Börner*, Wegerecht und europäisches Wettbewerbsrecht, S. 19 ff.

Mayer, Otto: Der gegenwärtige Stand der Frage des öffentlichen Eigentumes, AöR 21 (1907), 499 ff.

— Deutsches Verwaltungsrecht Bd. II, 2. Aufl. 1917; 3. Aufl. 1924

Meyer, Justus: Politik, Kunst und Kommerz auf deutschen Straßen, DÖV 1991, 542 ff.

Mohl, Helmut: Die zukünftige Gestaltung des Konzessionsabgabenrechts, Zeitschrift für Kommunalfinanzen 1992, 82 ff.

Müller, Hans: Bedarf der gegenwärtige Rechtszustand der Benutzung öffentlicher Straßen durch Energieversorgungs-Leitungen einer Änderung?; DR 1938, 289 f.

Münch, Paul: Konzessionsverträge und Konzessionsabgaben, 2. Aufl. 1992

Mußgnug, Reinhard: Die öffentlichen Straßen als Mehrzweckinstitut, in: *Bartlsperger / Blümel / Schroeter*, Ein Vierteljahrhundert Straßenrechtsgesetzgebung, S. 81 ff.

Niederleithinger, Ernst: Die Stellung der Versorgungswirtschaft im Gesetz gegen Wettbewerbsbeschränkungen, 1968

Noelle-Neumann, Elisabeth: Kein Schutz, keine Gleichheit, keine Gerechtigkeit, F.A.Z. 57 vom 8.3.1995, S. 5

Obernolte, Wolfgang / *Danner*, Wolfgang: Energiewirtschaftsrecht. Kommentar, Loseblatt Stand Mai 1994

Ott, Richard: Zur Mitbenutzung von Grundstücken und Bauwerken für Energiefortleitungen im Gebiet der ehemaligen DDR, Recht der Elektrizitätswirtschaft 1991, 150 ff.

Papier, Hans-Jürgen: Straßenrecht, in: *Achterberg / Püttner*, Besonderes Verwaltungsrecht I, Abt. 2 / 4, S. 519 ff.

Petersen, Klaus H.: Die gemeindlichen Konzessionsabgaben, Diss. Münster 1966

Pfeifer, Lissi: Betonstraßen in der DDR, Straße und Autobahn, 1990, 142 ff.

Pieroth, Bodo: Der Rechtsstaat und die Aufarbeitung der vor-rechtsstaatlichen Vergangenheit, VVDStRL 51 (1992), 91 ff.

Püttner, Günter: Die Neuordnung der Konzessionsabgaben, NVwZ 1992, 350 ff.

Reiplinger, Peter: Durchleitungsrecht in Eigentümerwegen für Versorgungsunternehmen, RdE 1993, 222 ff.

Frhr. von Reitzenstein, Friedrich: Das deutsche Wegerecht, 1890

Riechmann, Volkhard: Das Konzessionsabgabenwesen unter Reformdruck, Gemeindehaushalt 1991, 80 ff.

— Nochmals: Die kartellrechtliche Zuordnung von Konzessionsverträgen, WuW 1985, 945 ff.

Ronellenfitsch, Michael: Einführung in das Planungsrecht, 1976

— Energieversorgung und Raumordnung, WiVerw. 1985, 168 ff.

— Wirtschaftliche Betätigung des Staates, in: *Isensee / Kirchhof*, HStR III, § 84

— Beschleunigungsgesetz – Investitionsmaßnahmegesetze – Die Beschleunigung von Verkehrsprojekten, in: Willi Blümel (Hrsg.), Verkehrswegeplanung in Deutschland (Speyerer Forschungsberichte, 105), 1991, S. 107 ff.

— Der Entwurf eines Gesetzes zur Beschleunigung der Planungen für Verkehrswege in den neuen Ländern sowie im Land Berlin, DVBl. 1991, 920 ff.

— Zur Kostenverteilung bei der äußeren Erschließung des Terminals Ost. Rechtsgutachten (n.v.). 1992

— Verfassungs- und verwaltungsrechtliche Betrachtungen zur Mobilität mit dem Auto, 1994

Ronnacker, Ulrich: Zur Rechtslage bei Kreuzungen von Versorgungsleitungen und öffentlichen Straßen in den neuen Bundesländern, RdE 1993, 10 ff.

Roßberg, Konrad: Der Zustand des Straßennetzes der ehemaligen DDR und dessen Ursachen, Straße und Autobahn 1991, 264 ff.

Salzwedel, Jürgen: Der Gemeingebrauch, in: *Bartlsperger / Blümel / Schroeter*, Ein Vierteljahrhundert Straßenrechtsgesetzgebung, S. 97 ff.

— Wege, Straßen, Wasserwege, in: Kurt G.A. Jeserich / Hans Pohl / Georg-Christoph von Unruh (Hrsg.), Deutsche Verwaltungsgeschichte, Bd. II, 1983, S. 199 ff.

Schack, Friedrich: Das rechtliche Wesen der Sondernutzung nach altem und neuem Recht, VerwArch. 1963, 42 ff.

Scheuten, Günther: Planung und Sicherung von Leitungswegen, et 1964, 269 ff.

Schlosser, Friedrich: Enteignungsrecht und Folgekostenproblematik bei straßenbaubedingter Verlegung von Versorgungsleitungen, BayVBl. 1982, 545 ff.

Schmid, Hansdieter: Neuregelung der Konzessionsabgabe, BWVBl. 1992, 97 ff.

Schmidt-Räntsch, Jürgen: Energieleitungsrechte in den neuen Bundesländern, RdE 1994, 214 ff.

Schmuck, Alfred: Nachholbedarf für die Verkehrsinfrastruktur auf dem Gebiet der ehemaligen DDR – Verkehrsträger Straße, Straße und Autobahn 1990, 531 ff.

Schnabel, Gunnar: Energieversorgung in den neuen Ländern. Duldung von Leitungsrechten und Entschädigung, Grundeigentum 1994, 551 ff.

Schnappauf, Klaus-Dieter: Der Einigungsvertrag, DVBl. 1990, 1249 ff.

Schulz, Ferdinand: Zum preußischen Wegerecht, 1893

Schumacher, Hermann: Die Bedeutung der Artikel 85, 86 EWG-Vertrag für die deutsche Energiewirtschaft, in: Kurt Ballerstaedt u.a., Aktuelle Fragen des Energierechts (VEnergR. 7 / 8), 1963, S. 25 ff.

Schwinge, Martin: Der Gas- und Elektrizitätsversorgungsvertrag. Zugleich ein Beitrag zur Lehre vom Vertrag zugunsten eines Dritten, Gruchots Beiträge N.F. 70 (1929), S. 151 ff.

Seeliger, Per: Aktuelle wegerechtliche Fragen in den alten und neuen Bundesländern, gwf 1992, 602 ff.

— Die Mitbenutzung von öffentlichen Verkerhrswegen durch Versorgungsleitungen in den neuen Bundesländern, RdE 1993, 103 ff.

— Die Benutzung fremder Grundstücke durch Leitungen der öffentlichen Versorgung in den neuen Bundesländern, DtZ 1995, 34 ff.

Sieder, Franz / *Zeitler*, Herbert / *Kreutzer*, Konrad / *Zeck*, Jochen: Bayerisches Straßen- und Wegegesetz. Kommentar, Lbl. Stand 1994

Starck, Christian: Der Rechtsstaat und die Aufarbeitung der vor-rechtsstaatlichen Vergangenheit, VVDStRL 51 (1992), 9 ff.

Steinberg, Rudolf / *Hartung*, Sven: Straßenkunst als Gemeingebrauch oder als Sondernutzung? – BVerwG, NJW 1990, 2011, JuS 1990, 795 ff.

Stelkens, Paul: Fragen zum Verwaltungsverfahrensgesetz nach dem Einigungsvertrag, DtZ 1991, 264 ff.

Stern, Klaus: Zur Problematik des energiewirtschaftlichen Konzessionsvertrages, AöR 84 (1959), 138 ff., 273 ff.

Stern, Klaus / *Schmidt-Bleibtreu*, Bruno (Hrsg.): Verträge und Rechtsakte zur Deutschen Einheit. Bd. I: Staatsvertrag zur Währungs-, Wirtschafts- und Sozialunion, 1990

Stern, Volker: Die Reform der Konzessionsabgabe, WD 1992, 42 ff.

Stock, Martin: Straßenkommunikation als Gemeingebrauch, 1969

Studenkowski, Wolfgang: Das Mitbenutzungsverhältnis zwischen Straßen und Leitungen der öffentlichen Energieversorgung, Recht der Elektrizitätswirtschaft 1980, 98 ff.

— Die Entschädigungsansprüche bei enteignenden Eingriffen durch Straßenneubauvorhaben in schuldrechtliche Leitungsrechte der öffentlichen Energieversorgung, RdE 1993, 5 ff.

Tettinger, Peter: Grundlinien des Konzessionsvertragsrechts, DVBl. 1991, 786 ff.

— Einführung in die juristische Arbeitstechnik, 2. Aufl. 1992

Thoma, Richard: Die Gasröhrenkonzession und die Rechtslage des Röhrennetzes nach Ablauf der Konzessionsdauer, AöR 38 (1918), 305 ff.

Voigt, Werner: Situation in Straßenverkehr und Straßenforschung in der DDR, Straße und Autobahn 1990, 183 ff.

Walprecht, Dieter / *Cosson*, Rainer: Straßen- und Wegegesetz des Landes Nordrhein-Westfalen, 1986

Wieacker, Hans A.: Die Wegebenutzungs- und Gebietsschutzverträge in der Elektrizitäts- und Gasversorgung, Elektrizitätswirtschaft 1957, 25 ff.

Wieland, Joachim: Die Konzessionsabgaben, 1991

Wolf, Andreas: Zur kartellrechtlichen Beurteilung des Konzessionsvertrages, BB 1986, 143 ff.

Würkner, Joachim: Straßenkunst als (kommunikativer) Gemeingebrauch, NJW 1989, 1286 f.

Zacher, Manfred: Energiewirtschaftliche Konzessionsverträge, 1982

Zeumer, Karl: Studien zu den Rechtsgesetzen des XIII. Jahrhunderts, ZRG GA 23 (1902), 61 ff.

Anhang

1. Genehmigung zur Sondernutzung von Straßen (Beispiel)

VEB Bezirksdirektion des Straßenwesens Cottbus
75 Cottbus
Sitz: Zittauer Straße 19 48

und 12/84 LIO 90

Straße: LIIO 114
Kreis: Hoyerswerda
Bearb.: Waas

Ihre Zeichen	Ihre Nachricht vom	Unsere Zeichen	Datum
24210-/D	31.1.84	Wa/La	14.3.84

Genehmigung
zur Sondernutzung von Straßen

Nr. –. 29/84 LIIO 114

Gemäß § 13 der Verordnung über die öffentlichen Straßen – Straßenverordnung – vom 22. August 1974 (GBl. I Nr. 57 S. 515) wird VEB PKM Anlagenbau Leipzig
7013 Leipzig
PF 1449

nachstehend Sondernutzer genannt,

Parallelverlegung und Kreuzung mit der Ferngasleitung Boxberg – Bautzen.
von km 1,45 – km 2,75 rechtsseitig
bei km 2,75 Kreuzung
von Uhyst nach Mönau

unter folgenden Bedingungen gestattet:

1. Ist der Antragsteller nicht zugleich der Rechtsträger oder Eigentümer, so ist diese Genehmigung dem künftigen Rechtsträger oder Eigentümer zu übergeben.
2. Diese Genehmigung zur Sondernutzung begründet keinerlei Rechte am Eigentum der Straße.
3. Der Sondernutzer hat seine Anlagen so herzustellen, instand zu halten und in angemessenen Zeitabständen zu überprüfen, daß keine Gefährdung der öffentlichen Nutzung sowie kein Schaden an öffentlichen Straßen eintritt. Das gilt auch, wenn diese Anlagen vorübergehend oder ständig außer Betrieb sind.
4. Die zuständige Straßenmeisterei in Bτthen-Dörgenhausen Tel. 8304 ist vom Beginn der Bauarbeiten im Straßenraum oder Straßenkörper mindestens 1 Woche vorher zu verständigen; desgleichen ist bei ihr unverzüglich nach Abschluß der Bauarbeiten die Abnahme zu beantragen.
5. Die Verpflichtung des Sondernutzers zum Einholen der Erlaubnis der Deutschen Volkspolizei gemäß der Straßenverkehrs-Ordnung – StVO – und, im Falle von Aufgrabungen, zum Einholen von Schachtscheinen gemäß der geltenden ASAO, wird durch diese Genehmigung weder berührt noch ersetzt.
6. Für Schäden, die dadurch entstehen, daß Pflichten zur Gewährleistung der öffentlichen Nutzung der Straßen rechtswidrig verletzt werden, haftet der Sondernutzer gemäß § 23 der Straßenverordnung.

Ag 310/79/DDR/4878 – W Spremberg V-7-2 1361 Bestell-Nr. SW 2

VEB Bezirksdirektion des Straßenwesens Gera

65 GERA, Friedericistraße 1 a

RECHNUNG

KK-LB	Besteller-Nr.	Rechnungs-Nr.	Rechnungs-Dat.	fällig am	Bestell-Nr. od. Dat.	Vertrags-Nr.
1	2	3 7102 0120	4 21.6.83	5 5.7.83	6	7

KK-LB	Lieferer-Nr.		Rechnungs-Eing.-Dat.	Rechnungs-Eing.-Nr.
8	9	10	11	12

	13 Menge	14 ME	15 Preis je ME	19 Gesamt-Wert
Genehmigung zur Sondernutzung von Straßen Nr. 34/83 # 281 vom 21.6.1983				20,00

30	31	32	33	34

BN 929 85496

Postfach: 97
Fernruf: 22741
Fernschreiber: 058 125
Bankkonto: Staatsbank der DDR
Fil. Gera 4561-11-92

20,00

... - 7102 0120

5.7.1983

Abs. VEB Bezirksdirektion des Straßenwesens Gera
65 Gera, Friedericistraße 1a

VEB Energiekombinat Gera
Energieversorgung Saalfeld

6800 Saalfeld
Bahnhofstr. 4

Anlage zum ~~Vorbescheid~~/ Genehmigung Nr. 29/84 LIIO 114

Betr.: Verlegen von Versorgungsleitungen

Parallelverlegung und Kreuzung mit der Ferngasleitung

Boxberg - Bautzen

1.1. Längsleitungen sind wie folgt zu verlegen:

im Abstand von 30,0 m von Mitte Straßenkrone bis Leitungsmitte

1.2. Kreuzungen sind wie folgt auszuführen:

mittels Durchörterung im Schutzrohr. Länge des Schutzrohres 17,0 m. Erddeckung unter Oberkante Straße bis Oberkante Rohrscheitel mind. 1,0 m, ebenso Erddeckung unter anstehendem Gelände mind. 1,0 m.

2. Im Bereich der Straße ist die Tragfähigkeit für die Lasten der Brückenklasse 60 13 000 nach TGL [redacted] gewährleisten, [redacted].

3. Bei Ausschachtung des Rohrgrabens sind Schotter und Packlage getrennt zu lagern.

4. Die bei Querleitungen allgemeine Verfüllung des Rohrgrabens hat von cm über Rohrscheitel bis Unterkante Tragschicht durch Magerbeton B 60–80 hilfsweise durch Zementvermörtelung der eingebrachten Massen zu geschehen. Der Deckenaufbau ist in der angetroffenen Form vorzunehmen. Besonderer Wert ist auf eine ordnungsgemäße Verdichtung zu legen.

5. Die Wiederherstellung der Fahrbahn- und Randstreifenbefestigung sowie die Instandsetzungsarbeiten, die sich infolge Herstellung der Anlage nachträglich an der Straße und deren Zubehör notwendig machen (insbesondere die Beseitigung von Setzungen oder Überhöhungen) sind vom Antragsteller auf eigene Kosten auszuführen. Sie sind solange ohne besondere Aufforderung zu wiederholen, als sich Schäden zeigen, die auf die Herstellung der Anlage zurückzuführen sind. In Anspruch genommene Gräben und Böschungen sind nach ordnungsgemäßer Wiederherstellung mit Gras anzusäen.

6. Im Interesse eines zügigen Verkehrsablaufes ist dafür zu sorgen, daß die Bauarbeiten in kürzester Zeit durchgeführt werden.

Bestell-Nr Sw 8 VV Sachs. Ag 310 77 DDR 4480 [illegible]

7. Entspricht die Wiederherstellung des Straßenkörpers einschließlich der Nebenanlagen nicht den Gütevorschriften des Straßenwesens bzw. den erteilten Bedingungen, so hat der Sondernutzer dies auf Anordnung des Straßenwesens innerhalb einer vorgeschriebenen Frist nachzuholen.

8. Einschränkungen oder Aufhebungen der öffentlichen Nutzung von Straßen bedürfen gem. der Zweiten Durchführungsbestimmung zur Straßenverordnung – Sperrordnung – vom 28. 7. 1978 (GBl. I Nr 29) der Genehmigung. Der Antrag zur Genehmigung ist vom Sondernutzer grundsätzlich 8 Wochen und bei Transitstraßen 12 Wochen vor Beginn der Einschränkung oder Aufhebung in ......facher Ausfertigung auf einem beim Straßenwesen erhältlichen Formblatt einzureichen.

   Die Pflicht zur Anmeldung geplanter Einschränkungen oder Aufhebungen der öffentlichen Nutzung gemäß § 5 der Sperrordnung wird damit nicht aufgehoben.

9. Für die Ausführung des Vorhabens gelten ferner die in der Anlage festgelegten speziellen Bedingungen.

10. Die Ausführung des Vorhabens hat nach den hierfür geltenden Standards und Vorschriften zu erfolgen.

11. Diese Genehmigung verliert 1 Jahr nach Ausstellungsdatum ihre Gültigkeit, wenn bis zu diesem Zeitpunkt nicht mit den Bauarbeiten begonnen wurde.

12. Mit den Bauarbeiten im Straßenraum oder Straßenkörper darf erst begonnen werden, wenn die Bereitstellung von Material und Baukapazität die Fertigstellung des Vorhabens in kürzester Zeit gewährleistet.

Für die Zustimmung werden Gebühren in Höhe von 30,– Mark nach den geltenden Rechtsvorschriften erhoben.

Die Rechnung wird ~~beigefügt~~/ gesondert zugestellt.

Anlagen:

13. Erdmassen dürfen nicht auf der Fahrbahn gelagert werden. Eine Fahrbahneinengung bzw. ein Fahrbahnaufbruch wird nicht genehmigt.

Smolka
Abt.-Ltr. Dokumentation

VEB Bezirksdirektion des Straßenwesens Cottbus
75 Cottbus
Sitz: Zittauer Straße 19 40

2. Vorläufige Hinweise zur Behandlung der Mitbenutzung von Bundesfernstraßen durch Leitungen in den neuen Bundesländern

(Rundschreiben des Bundesministers für Verkehr vom 8.2.1993 – StB 17/08.33.01/25 B 92 I)

Zwischen der Straßenbauverwaltung und der Versorgungswirtschaft bestehen unterschiedliche Rechtsauffassungen darüber, welche Rechtsvorschriften der DDR über die Folgekostenpflicht anzuwenden sind (z.B. Straßenverordnung, Energieverordnung, Folgeinvestitionsverordnung), wenn in den neuen Bundesländern Versorgungsleitungen, die am 3. Oktober 1990 in Bundesfernstraßen, deren Anbaubeschränkungszonen oder in Grundstücken außerhalb dieser Gebiete verlegt werden, infolge von Straßenbaumaßnahmen geändert oder gesichert werden müssen.

Die Straßenbauverwaltung und die Verbände der Versorgungswirtschaft vertreten gemeinsam die Ansicht, daß die in den neuen Bundesländern erforderlichen Maßnahmen des Straßenbaues nicht wegen Meinungsverschiedenheiten über die Folge- und Folgekostenpflicht von notwendigen Leitungsänderungen verzögert werden dürfen, und daß der Abschluß des Rahmenvertrages mit seiner paritätischen Ausgestaltung geeignet ist, eine Regelung der bestehenden Meinungsverschiedenheiten herbeizuführen.

Mit der Einführung des Bundesfernstraßengesetzes (FStrG) in den neuen Bundesländern, die mit den Maßgaben der Anlage 1, Kapitel XI, Sachgebiet F zum Einigungsvertrag (EV) erfolgt ist, ist die Mitbenutzung von Bundesfernstraßen durch Leitungen auch in den neuen Bundesländern gem. § 8 Abs. 10 FStrG grundsätzlich der privat-rechtlichen Regelung zugeordnet.

Für alle seit dem 3. Oktober 1990 in den neuen Bundesländern entstandenen und weiter entstehenden Mitbenutzungen an Bundesfernstraßen gilt deshalb § 8 Abs. 10 FStrG, sowie das dazu entwickelte System von Vertragsmustern und Verwaltungsvorschriften.

Durch meine Schreiben vom 1. August 1991 – StB 17/08.33.00/22 Va 92 –, vom 16. August 1991 – StB 17/08.33.00/2 N 92 – und vom 20. März 1992 – StB 17/08.33.00/2 H 91 – habe ich in Übereinstimmung mit den Verbänden der Versorgungswirtschaft empfohlen, Rahmenverträge abzuschließen, da durch den Rahmenvertrag im Hinblick auf seinen umfassenden Geltungsbereich (vgl. § 1 des Rahmenvertrages) auch alle vorherigen Mitbenutzungsregelungen ersetzt werden.

Ist ein Versorgungsunternehmen (VU) *nicht* bereit, für seine Mitbenutzungen von Bundesfernstraßen einen Rahmenvertrag mit der Straßenbauverwaltung abzuschließen, sind ergänzend zu den mit Allgemeinem Rundschreiben Straßenbau (ARS) Nr. 3/1992 vom 6. November 1992 (VkBl. 1992, 677 ff.) eingeführten „Hinweisen zur Behandlung von Versorgungsleitungen bei Straßenbaumaßnahmen des Bundes – Hinweise 92 –“ folgende, die Rechtsauffassung der Straßenverwaltung wiedergebende Hinweise zu beachten:

A. Straßenausbau nach dem Beitritt

I. Erstmalige Leitungsänderung

1. Bei erteilter Zustimmung / Genehmigung der Sondernutzung

1.1 Die Nutzung der öffentlichen Straßen durch Leitungen der öffentlichen Versorgung war gem. § 13 Straßenverordnung – StrVO – vom 22. August 1974 (GBI. I, Seite 515 ff.) i.V.m. §§ 9 ff. der 1. Durchführungsbestimmung – DB – vom 22. August 1974 (BGl. I, Seite 522 ff.) oder deren Vorläufer Sondernutzung. Die Sondernutzung bedurfte der vorherigen Zustimmung / Genehmigung der Straßenverwaltung. Diese Zustimmung / Genehmigung hatte den Charakter einer förmlichen Verwaltungsentscheidung.

1.2 Die Folgekostenpflicht ergibt sich für die Straße kreuzende oder in ihr längsverlegte Leitungen aus dem Inhalt der Zustimmung / Genehmigung, bzw. aus § 13 StrVO oder deren Vorläufer, denn Verwaltungsentscheidungen der DDR gelten nach Art. 19 Einigungsvertrag fort.

1.3 Die Folge- und Folgekostenpflicht der VU gem. § 13 Abs. 3 StrVO hat zur Voraussetzung, daß sich die erforderliche Leitungsänderung als Folgemaßnahme einer Instandhaltungs-, Erhaltungs- oder Erweiterungsmaßnahme der Straße darstellt. Ausgangspunkt ist das Straßennetz in gegebenem Zustand, das zu erhalten bzw. den Anforderungen an die wachsende Verkehrsbelastung durch Erhaltung bzw. Erweiterung anzupassen ist[1].

a) Instandhaltung
Die Instandhaltung erfaßt Maßnahmen zur Aufrechterhaltung des bestehenden Straßenzustandes[2].

b) Erhaltung
Die Erhaltung erfaßt die Arbeiten zum Ausbau einer vorhandenen Straße sowie zur Verbesserung des Straßenzustandes. Zum Ausbau einer vorhandenen Straße gehört z.B. die Verbreiterung, die Begradigung der Linienführung, die Aufweitung von Einmündungen oder die bauliche Trennung der Verkehrsarten[3] (z.B. die Anlage von Radwegen).

c) Erweiterung
Bei der Erweiterung von Straßen werden bestimmte Straßenabschnitte im Zuge vorhandener Straßen neutrassiert, so beim Bau einer Ortsumgehung im Zuge einer vorhandenen Fernverkehrsstraße[4]. Unter Erweiterung der Straße ist auch Anpassung der mitbenutzten Straße infolge der Neueinrichtung einer anderen Straße, also auch die Erweiterung des bestehenden Straßennetzes und die Neueinrichtung von Bestandteilen der Straße zu verstehen. Hierzu rechnet z.B. der Bau einer Ortsumgehungsstraße ebenso wie der Neubau einer Autobahn[5].

---

[1] *Dreier / Hammer* u.a., Kommentar zur Verordnung über die öffentlichen Straßen – Straßenverordnung, 1977, Seite 36.

[2] *Dreier / Hammer* u.a., a.a.O., Seite 35.

[3] *Dreier / Hammer* u.a., a.a.O., Seite 35.

[4] *Dreier / Hammer* u.a., a.a.O., Seite 35, 36.

[5] *Bönninger / Knobloch*, Das Recht der öffentlichen Straßen, Leipzig 1978, Seite 54.

1.4 Ist das VU seiner Folge- und Folgekostenpflicht nachgekommen, so ist dem VU der Zeitwert der zu beseitigenden Teile der Anlage zu ersetzen.
Zeitwert i.S.d. § 13 Abs. 3 Satz 2 StrVO ist der Materialwert der beseitigten Teile der Anlage, der nach Abzug der (normativen) Abschreibung vom Wiederbeschaffungswert verbleibt. Diese Grundsätze sollen keine Anwendung finden, wenn die Leitung abgängig ist.

1.5 Weigert sich das VU, seinen Pflichten aus § 13 Abs. 3 StrVO nachzukommen, ist gem. § 8 Abs. 7a FStrG zu verfahren. Die Regelungen der StrVO, insbesondere die §§ 22 und 23, finden keine Anwendung.

1.6 Die StrVO 1974 kannte bei der Erteilung einer Sondernutzungserlaubnis keinen Widerrufsvorbehalt. Deshalb ist ein Widerruf der Sondernutzungser]aubnis, die einen begünstigenden Verwaltungsakt darstellt, nur zulässig, wenn die Voraussetzungen des § 49 VwVfG erfüllt sind.
Ein Widerrufsvorbehalt war jedoch in der Verordnung über das Straßenwesen vom 18. Juli 1957 (GBl. I, Seite 377 ff.) vorgesehen (§ 6 Abs. 4). Enthält eine seinerzeit erteilte Sondernutzungserlaubnis einen Widerrufsvorbehalt, so kann dieser geltend gemacht werden, selbst wenn die finanziellen Nachteile für das VU über die Regelungen des § 13 Abs. 3 StrVO hinausgehen.

2. Bei nicht erteilter Zustimmung zur Sondernutzung

2.1 Die Benutzungen von Bundesfernstraßen durch Leitungen, zu denen die vorherige Zustimmung der Straßenverwaltung (gem. § 13 StrVO) nicht oder nicht nachweisbar erteilt worden ist, werden nach den Grundsätzen der Leihe beurteilt (siehe Hinweise 92 Nr. 2.7.1).

2.2 Da mit dem Inkrafttreten des FStrG im Beitrittsgebiet eine Heilung der Benutzung durch nachträgliche Zustimmung zur öffentlich-rechtlichen Sondernutzung nicht möglich ist, hat die Straßenbauverwaltung zu verlangen, daß die Mitbenutzung gestattungsvertraglich geregelt wird.

3. Hat das VU eine Leitung in den Schutzzonen gem. § 16 Abs. 1 Buchstabe c StrVO verlegt, trifft es u.a. die Folgekostenpflicht des Absatzes 3 des § 16 StrVO. Bei § 16 StrVO handelt es sich um eine gesetzliche Bedingung, die wirksam wird, wenn die Straßenverwaltung der Abweichung vom gesetzlichen Anbauverbot zugestimmt hat. Die Zustimmung ist nach Art. 19 EV als Verwaltungsakt weiterhin wirksam, der Nachweis ihrer Erteilung liegt im Interesse der Straßenbauverwaltung. Weigert sich das VU seiner Verpflichtung nach § 16 Abs. 3 StrVO nachzukommen, hat die Straßenbauverwaltung die nach Landesrecht zuständige Ordnungsbehörde einzuschalten.
Ist eine Zustimmung nicht erteilt oder nicht nachgewiesen, findet die Regelung des Art. 19 EV keine Anwendung. In diesen Fällen ist § 9 FStrG anzuwenden, der jedoch keine § 16 StrVO vergleichbare Folgekostenregelung enthält.

4. Die Pflichten des Sondernutzungsberechtigten gem. § 13 Abs. 2 StrVO sind nach der Maßgabe des Einigungsvertrages, Anlage 1, Sachgebiet F, Abschnitt III, Nr. 1 Buchstabe b, übergegangen. § 6 FStrG findet entsprechende Anwendung.

5. Behandlung der Folgekosten bei Abschluß eines Rahmenvertrages.

5.1 Kommt es zum Abschluß eines Rahmenvertrages, greift dessen Regelung in die Vergangenheit zurück, so daß weder Sondernutzungsrecht noch Leihe maßgeblich ist.

5.2 Wurde ein Rahmenvertrag im Zusammenhang mit einem straßenbaubedingten Änderungsverlangen abgeschlossen, finden dessen Kostenregelungen gegenüber dem sonst geltenden Sondernutzungsrecht auch bereits auf diese Änderung Anwendung. Diese Regelung stellt die äußerste Grenze der Anwendung des Rahmenvertrages dar. Eine rückwirkende Anwendung des Rahmenvertrages auf begonnene Baumaßnahmen kommt nicht in Betracht.

II. Regelung der künftigen Mitbenutzung

1. Führt ein Straßenausbau zu einer Änderung oder Sicherung der Leitung, für die eine Sondernutzungserlaubnis erteilt worden ist, so endet damit das Sondernutzungsrecht. Die künftige Mitbenutzung ist gem. § 8 Abs. 10 FStrG gestattungsvertraglich zu regeln.
Bei nicht erteilter Sondernutzungserlaubnis siehe Nr. I 2.2

2. Für eine Neubegründung der künftigen Rechtsbeziehungen zwischen VU und Straßenbaulastträger ist daher folgendermaßen vorzugehen:

2.1 Falls noch kein Rahmenvertrag besteht, ist ein solcher anzubieten und – für alle Straßenbenutzungen – abzuschließen.
2.2 Unterbleibt der Abschluß eines Rahmenvertrages, so ist der Mustervertrag 1987 – MuV 87 – (VkBl 1987, Seite 398) anzubieten. Ein Gegenvertrag – GegV 87 – kommt nicht in Betracht, da es für das gegebene Sondernutzungsrecht ohne Belang ist, ob zuerst die Straße oder zuerst die Leitung vorhanden war.

B. Straßenneubau nach dem Beitritt

I. Erstmalige Herstellungskosten

1. Trifft der Straßenneubau auf eine Leitung, die nach dem 2. Oktober 1990 verlegt wurde, so gilt Hinweise 92 Nr. 3.

2. Trifft der Straßenneubau auf eine vor dem 3.10.1990 verlegte Versorgungsleitung, so gilt der Grundsatz der Hinweise 92 Nr. 3.4, wonach sich die Kostentragungspflicht nach der Stärke der angetroffenen Rechtsposition des Versorgungsunternehmens beurteilt. Hierzu gilt folgendes:

2.1 Nach den Regelungen des Einigungsvertrages Anlage 11, Kapitel V Wirtschaft, Sachgebiet D, Abschnitt III Nr. 4 – gelten die §§ 29 Abs. 1 bis 3, 30, 31, 48 und 69 Abs. 4 der Energieverordnung – EnVO vom 1. Juli 1988 (GBl. I, Seite 89 ff.), zuletzt geändert durch die Verordnung vom 25. Juli 1990 zur Änderung der Energieverordnung (GBI. I, Seite 812), sowie die dazu ergangenen Durchführungsbestimmungen für bestehende Mitbenutzungsrechte an Grundstücken und Bauwerken für Energiefortleitungsanlagen bis zum 31. Dezember 2010 fort. Voraussetzung eines solchen Mitbenutzungsrechtes war, daß es zwischen dem VU und dem Nutzungsberechtigten des Grundstücks vereinbart oder durch Beschluß des Rates des Kreises angeordnet worden war (§ 29 Abs. 4 EnVO i.V.m. § 11 Baulandgesetz vom 15. Juni 1984 – GBl. I, Seite 201 ff.). Eine Eintragung dieser Rechte im

Grundbuch ist nicht erforderlich. Mit Ablauf des 31. Dezember 2010 gehen diese Rechte unter.

2.2 Die Folgekostenpflicht zu Lasten des Bundes ist dem Grunde nach gegeben, wenn ein Mitbenutzungsrecht (siehe Nr. 2.1) zugunsten des VU begründet worden ist und nachgewiesen wird. Erbringt das VU den Nachweis nicht, ist davon auszugehen, daß ein aufgrund des Einigungsvertrages übergegangenes Recht nach der EnVO nicht vorliegt, so daß – falls kein Rahmenvertrag abgeschlossen wird – die Leitungsumlegungskosten in vollem Umfange zu Lasten des Versorgungsunternehmens gehen. Standortgenehmigungen sind öffentlich-rechtlicher Art und ersetzen keine Benutzungsregelungen nach der EnVO. Im Standortgenehmigungsverfahren können aber Erklärungen des Eigentümers oder Nutzungsberechtigten abgegeben worden sein, die den Schluß auf eine Zustimmung zur Mitbenutzung zulassen.

2.3 Bei Eingriff in die Rechte gemäß Nr. 2.2 ist im Hinblick auf das Auslaufen der Rechte im Jahr 2010 eine Abzinsung der Entschädigung vorzunehmen; siehe Hinweise 92 Nr. 3.4.1. Die Entschädigung ist vor der Abzinsung zunächst um einen evtl. gegebenen Vorteilsausgleich zu kürzen, siehe Hinweise 92 Nr. 4.4.2.

3. *Ausnahmen von Nr. 2:*

Die Rechtsfolgen gemäß Nr. 2 gelten *nicht* für die der örtlichen Versorgung dienenden Leitungen der Elektrizitäts-, Gas- und Fernwärmeversorgung, da sie von der Überleitung der EnVO insofern nicht erfaßt werden, als sich die Benutzungsrechte nach den Allgemeinen Versorgungsbedingungen (AVB) regeln. Hier finden die in der Bundesrepublik geltenden Allgemeinen Versorgungsbedingungen mit der Maßgabe Anwendung, daß die Folgekosten bei Hinzukommen der Straße zu Lasten des VU gehen; siehe Hinweise 92 Nr. 3.4.4.

II. Regelung der künftigen Benutzung bei Neubau

Besteht ein Rahmenvertrag, tritt er an die Stelle aller bisherigen Benutzungsverhältnisse – auch soweit diese auf der Energieverordnung der DDR oder ihrer Vorgänger – beruhen. Soweit dingliche Sicherungen vorhanden sind, gilt § 1 Abs. 1 Satz 3 des Rahmenvertrages.

Besteht kein Rahmenvertrag und ist eine beschränkt persönliche Dienstbarkeit eingetragen, ist der Gegenvertrag mit der ersten Alternative in § 4 Abs. 2 hinsichtlich der Folgekosten anzubieten.

In allen Fällen der Benutzung aufgrund der EnVO der DDR von 1988 oder ihrer Vorgänger ist der Gegenvertrag mit der zweiten Alternative in § 4 Abs. 2 anzubieten.

Für die Benutzung durch Leitungen, die nicht in den Geltungsbereich der Energieverordnung der DDR fallen und für die keine dingliche Sicherung oder kein Rahmenvertrag besteht, ist der Gegenvertrag mit der zweiten Alternative in § 4 Abs. 2 anzubieten.

C. Vorgehen bei Meinungsverschiedenheiten

Die in der Versorgungswirtschaft vertretene Ansicht, daß die Nutzung von Straßen durch Versorgungsleitungen in der DDR nach den Vorschriften der Energieverordnung (siehe dazu Nr. B.I.2.1) geregelt war, und daß daher die Folgekosten im Falle von Leitungsänderungen von der Straßenbauverwaltung zu tragen seien, wird von der Straßenbauverwaltung nicht geteilt. Rechtsgrundlage für die Nutzung von Straßen durch Leitungen war ausschließlich § 13 StrVO, so daß daneben für die Anwendung der EnVO kein Raum bleibt. § 13 Absatz 1 StrVO schließt die Anwendung des sog. Verursachungsprinzips aus; die Verordnung über die Folgeinvestitionen vom 13. Juli 1978 (GBl. I, Seite 257), geändert durch die VO vom 30. November 1988 (GBl. I, Seite 287), kann zur Begründung eines Verursachungsprinzips nicht herangezogen werden, weil sie bereits durch Gesetz vom 20. Juni 1990 (GBl. I, Seite 479) aufgehoben wurde.

Sollten daher Probleme mit Versorgungsunternehmen auftreten, ist gemäß der Nrn. 4.2 und 4.3 der „Hinweise 92“ zu verfahren.

Bei nicht zu behebenden Schwierigkeiten bitte ich, mich umgehend zu unterrichten.

Im Auftrag
Dr.-Ing. Huber

Kolibri 360 GmbH
Ferdinand-Jühlke-Straße 7
99095 Erfurt, Deutschland
produktsicherheit@kolibri360.de

Druck:
CPI Druckdienstleistungen GmbH
im Auftrag der
Kolibri 360 GmbH
Ferdinand-Jühlke-Str. 7
99095 Erfurt